贵州生态文明教育
教学参考书

刘婷婷　王　文　李芳盈◎著

贵州科技出版社

图书在版编目（CIP）数据

贵州生态文明教育教学参考书 / 刘婷婷，王文，李芳盈著 . -- 贵阳 ：贵州科技出版社，2023.6
ISBN 978-7-5532-1191-6

Ⅰ . ①贵… Ⅱ . ①刘… ②王… ③李… Ⅲ . ①生态环境－环境教育－高中－教学参考资料 Ⅳ . ①G634.983

中国国家版本馆CIP数据核字（2023）第087065号

出版发行	贵州科技出版社
地　　址	贵阳市观山湖区会展东路 SOHO 区 A 座（邮政编码：550081）
网　　址	http://www.gzstph.com
出 版 人	王立红
经　　销	全国各地新华书店
印　　刷	贵州新华印务有限责任公司
版　　次	2023 年 6 月第 1 版
印　　次	2023 年 6 月第 1 次
字　　数	210 千字
印　　张	14.25
开　　本	710 mm × 1000 mm 1/16
书　　号	ISBN 978-7-5532-1191-6
定　　价	25.00 元

前　言

　　2016年，贵州省获批成为我国第一批国家生态文明试验区，贵州省委、省政府出台了一系列针对性强、坚强有力的措施，贵州生态持续向好，山更绿、水更清、空气更清新，优美舒适的生态环境成为贵州人民的"绿色提款机"、幸福生活的"绿色聚宝盆"。这些年来，贵州省在生态文明建设上取得了可喜的成绩，在生态文明教育方面积累了一定的经验。

　　《贵州省生态文明教育读本（普通高中版）》已出版，并在全省普通高中开设生态文明课。贵州省教育厅印发的《省教育厅关于开设好2020年秋季学期各级各类学校"生态文明教育"地方课程的通知》黔教函（〔2020〕235号）文件中，明确提出普通高中在高二年级安排一学期学习生态文明课，16个学时，1个学分。为了更好地开设本门课，推进我省生态文明教育，作者编写了本书。本书对应《贵州省生态文明教育读本（普通高中版）》上的每一章，从内容结构、设计思路、核心素养侧重点、与学生经验的联系、与其他章节的联系、教学建议、课后思考与实践提示、教学设计案例等8个方面详细地分析、讲解如何上好本门课，实用性和可操作性强，最后还附有按照这样方式讲授《贵州省生态文明教育读本（普通高中版）》后学生的学习心得体会，具有较好的实践指导意义。

另外，因《贵州省生态文明教育读本（普通高中版）》中各级标题未编"章""节"等字样，为表述方便本书将教材中的"一级标题"对应为"章"进行描述。

黄利君、赵福艳、张丽参与了本书的编写。因为写作时间较紧和作者编写水平所限，书中难免有疏漏和不足之处，敬请读者多多批评指正，我们将对本书不断完善。

刘婷婷

2022 年 10 月

目　录

第一章　探寻文明足迹

文明是人类在历史长河中积累的人文精神及发明创造。文明的传承及发展，有利于人类认识和适应客观世界，开拓辉煌的未来。文明最初在哪里诞生？工业文明促进科技飞速发展的同时，又带来哪些环境危机？为什么要呼吁生态文明？生态文明思想体现在哪些方面？贵州省生态文明建设的现状如何？这些问题都需要在本章解决。

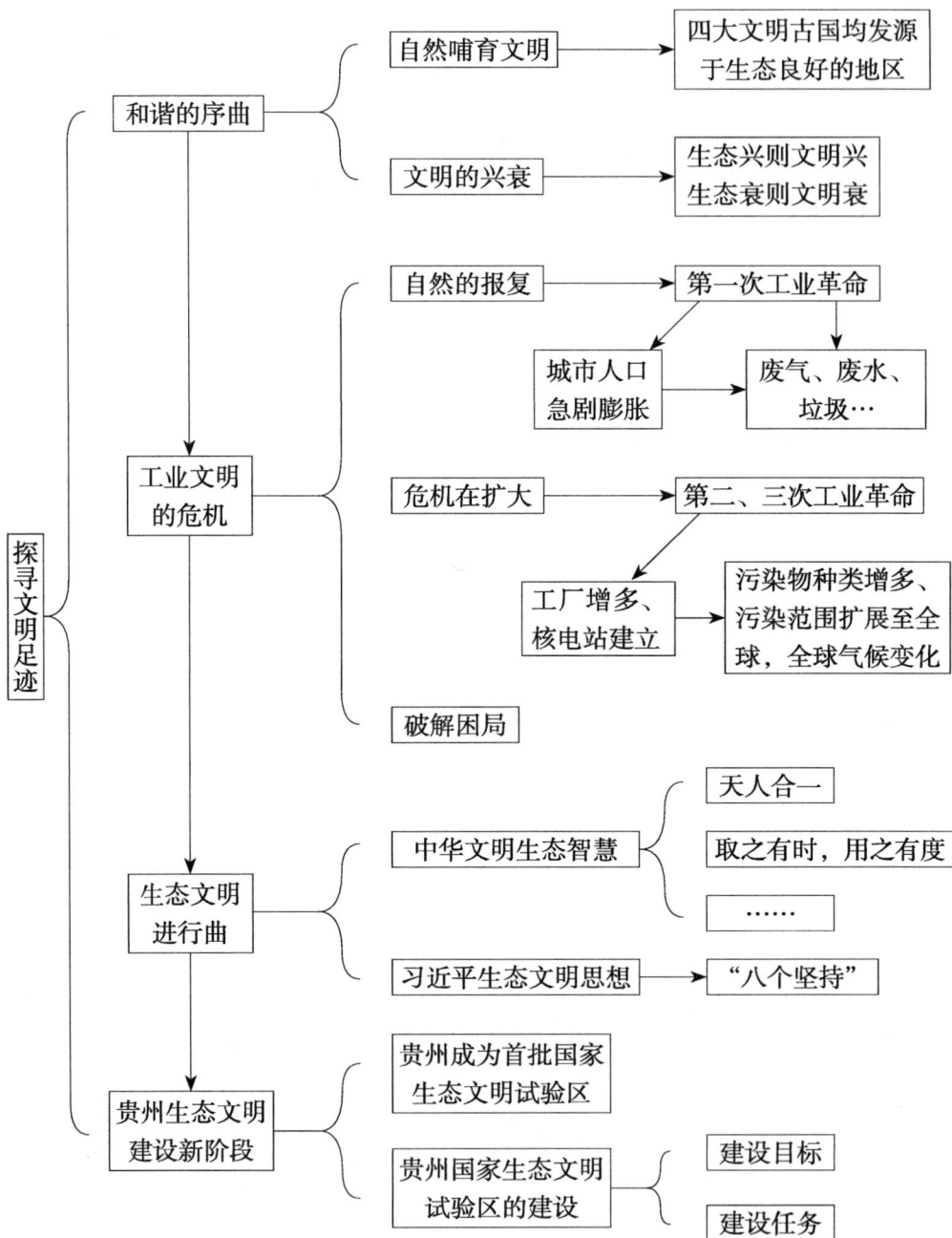

一、内容结构

```
                                          ┌─── 自然哺育文明 ───→  四大文明古国均发源
                         和谐的序曲 ───────┤                      于生态良好的地区
                                          │
                                          └─── 文明的兴衰 ─────→  生态兴则文明兴
                                                                  生态衰则文明衰


                                          ┌─── 自然的报复 ─────→  第一次工业革命
                                          │                            │
                                          │                            ↓
                                          │                      城市人口 ───→  废气、废水、
                                          │                      急剧膨胀       垃圾…
                         工业文明
探  ─────────────────────  的危机 ────────┤
寻                                         │    危机在扩大 ─────→  第二、三次工业革命
文                                         │                            │
明                                         │                            ↓
足                                         │                      工厂增多、 ───→  污染物种类增多、
迹                                         │                      核电站建立        污染范围扩展至全
                                          │                                        球，全球气候变化
                                          │
                                          └─── 破解困局


                                                                  ┌─── 天人合一
                                          ┌─ 中华文明生态智慧 ────┤─── 取之有时，用之有度
                         生态文明          │                      └─── ……
                         进行曲 ──────────┤
                                          │
                                          └─ 习近平生态文明思想 ─→  "八个坚持"


                                          ┌─ 贵州成为首批国家
                                          │  生态文明试验区
                         贵州生态文明      │
                         建设新阶段 ──────┤
                                          │  贵州国家生态文明 ────┤─── 建设目标
                                          └─ 试验区的建设          └─── 建设任务
```

二、设计思路

（一）章首页设计意图

文明的诞生与发展，要到漫长的人类历史长河中去寻觅踪迹。在本章首页中，提出自然生态环境孕育文明，也被文明所影响的理念。呼吁学生从人与自然关系不断演化的过程中去认识人类文明的发展过程，明确人类现在正面临既要保护生态环境又要追求发展的挑战，提出对新的文明的呼唤。通过对章首页的解读，学生能认同文明是不断发展变化的，人类现在需要新的文明。

本章首页的下方配有一张美丽的自然风景图片：五彩斑斓的大地，天空中挂着两道彩虹。欣赏和谐自然的图片，不仅能收获认知的愉悦，还能丰富精神生活，提升审美境界。

（二）内容安排特点

本章共分为4部分:《和谐的序曲》《工业文明的危机》《生态文明进行曲》和《贵州生态文明建设新阶段》。前三部分内容是按照人类历史发展进程来展开的，探讨不同阶段人与自然的关系。第4部分回归家乡，介绍贵州省的生态文明建设情况。

纵观人类文明发展史，生态环境是人类生存和发展的根基，其变化直接影响文明的兴衰演替。四大文明古国均发源于森林茂密、水量充沛、田野肥沃、生态良好的地区。可以说，是良好的自然生态环境哺育了人类文明。工业革命以前，人类敬畏自然、学习自然；工业革命以后，人类利用新生的科学技术，随意改造自然，逐渐将自然看作有待征服的对象，对自然资源的开发和利用加大，产生的废物又排向自然，大大超过了环境能够承载的范围，造成全世界的污染，以及全球气候变化。工业文明带来的严重生态危机，呼唤人类正视生态问题，发展新的文明价值观——生态文明。习近平生态文明思想传承了中华文明"天人合一"的思想精髓和马克思主义生态理论，吸收借鉴了中外文明研究的最新成果，并且不断地在实践发展中提升。在习近平生态文明思想"八个坚持"的指导下，贵州省成为首批国家生态文明试验区之一，生态文明建设进入新阶段。

三、核心素养侧重点

（一）生命观念

通过学习人类文明诞生与自然生态环境的关系，形成生命的系统观，认同人类社会与生态环境构成一个系统，人类的生存与发展离不开良好、稳定的生态环境。

了解工业文明给生态环境带来的破坏，理性看待生态系统维持稳定性及恢复生态平衡的能力，认识到生态系统维持稳定与平衡的能力是有限的，不断形成稳态与平衡观。

通过对人类面临的生态危机及习近平生态文明思想的学习，逐步形成尊重自然、顺应自然、保护自然的生态观，形成人与自然和谐共生的观念。

（二）人地协调观

通过对工业革命以来不断出现的人口、资源、环境和发展问题的认识，形成人地协调观。认识到人类社会要更好地发展，必须尊重自然规律，协调好人类活动与地理环境的关系。

（三）社会责任

了解工业革命带来的生态危机后，反思人类在第一次工业革命后兴起的

"征服自然""改造自然""认为自然只不过是提供资源及满足人类欲望的工具"等社会思潮是否合理，认同"人与自然是命运共同体"。

通过对习近平生态文明思想、贵州生态文明试验区建设任务的学习，增加对国家、地方发展政策的了解，增强保护环境的使命感。

了解贵州省特殊地貌的生态价值，增强家国情怀，关心并参与家乡的生态文明建设。守护绿水青山，共同创建"多彩贵州公园省"。

四、与学生经验的联系

本章内容与学生的学习经验和生活经验都有密切的联系。经过小学、初中阶段的学习，学生对人类文明史有了一定的了解，知道人类具有适应环境、改造环境的能力，知道科技进步促进了生产、生活的发展，知道工业生产、日常生活在不断消耗自然资源，产生的废物排向自然，造成了环境污染，也知道全社会在倡导绿色生活、可持续发展，并对"绿水青山就是金山银山"等口号耳熟能详。因此，本章的一些重要观点是在学生已有知识的基础之上进行的概括与提升。这样做的益处是让学生初次学习生态文明教育读本时有经验可行，有兴趣阅读，同时也让学生知道国家、地方的政策与生态学原理是密不可分的。

五、与其他章节的联系

本章是学习其他章节的基础。

《工业文明的危机》介绍了三次工业革命以来人类活动引发的各种生态危机，第二、三、四章对这些危机进行了概括、深化和拓展。《生态文明进行曲》阐述的习近平生态文明思想，为第二、三、四章就土地治理、水资源保护、大气保护等指明了方向，这些思想也在第五章进一步落到实处。《贵州生态文明建设新阶段》介绍了贵州生态文明试验区的建设目标及任务，第二、三、四章的最后一部分都在回答如何完成这些目标与任务。

从本章开始，到第二、三、四章，再到第五章，本书以总—分—总的形式回答了我们正面临什么样的环境危机，以及应该秉承什么样的文明理念，怎样应用这些理念来指导生产生活，实现可持续发展等问题。

六、教学建议

本章教学内容建议安排3课时，第一课时完成《和谐的序曲》《工业文明的危机》的教学，第二课时完成《生态文明进行曲》的教学，第三课时完成《贵州生态文明建设新阶段》的教学。

本章教学中工业文明带来的生态危机、习近平生态文明思想是重点，贵州生态文明试验区的建设目标及任务是难点。为了突破重点和难点，教师应留足时间让学生阅读、思考，在课堂上借助图片、视频等直观教学手段，必要时组织学生分享、讨论，以加强认识。

（一）第一课时

1.创设情境，导入新课

在第一课时，先向学生简要介绍本课程所用教材——《贵州省生态文明教育读本（普通高中版）》的主要内容，即生态文明思想的来源、土地治理、水资源保护、大气保护及贵州生态文明建设的大致情况，再引入《和谐的序曲》和《工业文明的危机》内容的学习。让学生从森林走向树木，在具体内容的学习中，不至于迷失方向。在人类文明发展过程中，原始文明、农耕文明体现了人类适应自然，与自然和谐共处的美好图景；工业文明彰显了人类征服自然、改造自然的一大创举。那我们今天为什么要提生态文明？生态文明是在什么背景下发展起来的？这就得去人类历史发展进程中，在人与自然生态环境的关系上寻找答案。

2.组织阅读，获得新知

课堂上，要留足时间让学生阅读教材内容，让学生主动获取信息。与此同时，要给学生布置任务，且限定阅读时间，以免学生分心。可在课件上显示倒计时，呈现具体问题。等学生阅读教材内容后，鼓励学生主动回答问题，或随机抽取学生回答问题，督促学生认真阅读、思考。例如，组织学生阅读《和谐的序曲》《工业文明的危机》，思考：①在工业革命前后，自然生态环境与人类文明是如何相互影响的？②如果继续以工业文明的生产观念来指导发展，人类文明的未来将会怎样？

3.分享认识，讨论互补

组织学生分享阅读中收集到的信息，回答教师提出的问题。让不同的学生相互补充，教师及时给予肯定或点拨、纠正，适当归纳。

4.播放视频，加深认识

播放视频《1952年"伦敦大烟雾"事件》，或播放其他环境污染的视频，如《世纪灾难：HBO再现切尔诺贝利事件》等，让学生对工业污染带来的危害形成直观认识。也可灵活调整课堂教学顺序，在本节课一开始就播放视频，吸引学生关注环境问题，了解本课程、本章、本节将要学习的内容。

5.反思过去，求索未来

引导学生客观看待工业革命带来的利弊，既要肯定工业革命对人类文明进步做出的贡献，又要充分认识到工业革命给环境带来的破坏最终也会反噬人类自身。而人类活动的改变，需要新的观念作为指导——生态文明的理念应运而生。

（二）第二课时

1.温故而知新，引入新课

强化学生对工业文明引发环境危机的认识，让学生充分意识到走生态文明发展道路的必要性。生态文明思想的具体内容是什么？我们要怎么做，才算真正进入生态文明？

2.播放视频，了解习近平生态文明思想的绿色发展观——"坚持绿水青山就是金山银山"

播放视频《习近平在这里提出"绿水青山就是金山银山"》，让学生了解绿色发展给老百姓带来的长久收益。让学生分享身边的实例，说明走绿色发展道路的优越性。

3.自然过渡，引入自主学习

提示学生关注细节——"坚持绿水青山就是金山银山"是习近平在考察老百姓的生产实践时提出来的，告知学生习近平生态文明思想继承了中华文明思想精髓和马克思主义生态理论，吸收借鉴中外文明研究的最新成果，并且不断地在实践发展中提升。

4.组织阅读，获得新知

教师根据文字材料，设计问题导学，组织学生阅读《生态文明进行曲》，了解中华文明生态智慧及习近平生态文明思想的内容。

5.分享认识，传播家乡与生态理念有关的民俗和传统文化

通过对中华文明生态智慧及习近平生态文明思想的学习，学生了解了生态文明的基本理念。为了让理论更好地联系实际，鼓励学生主动分享自己家乡与生态理念有关的民俗和传统文化，如果全班同学分享的种类较少，也可以从影视作品（如《龙猫》等）中寻找。

6.设置悬念，引入下节内容

在国家提出走生态文明发展道路的背景下，贵州省的发展又会朝着怎样的方向前进呢？

（三）第三课时

1.结合实际，提出问题，启发学生思考

《贵州生态文明新阶段》这部分内容关系到贵州省的生态文明建设背景、目标及任务，与学生联系较紧密，但是教材文本内容较抽象，学生理解起来有一定难度，需要有较强的共鸣，才能形成认识。因此，教师可结合生活实际，启发学生联系教材内容，促进思考。如：老百姓分散而居，一家几口人，在几片山坡种植玉米、小麦等农作物，世世代代过着田园牧歌式的生活，政府为什么要组织易地扶贫搬迁？

2.充分利用生物学科和地理学科的相关知识，辅助学生理解国家、地方政策

结合生物学科中生态系统能量流动的过程，引导学生分析养活一家人需要的能量来源，分析相应的粮食产量需要占用的土地；利用地理学科中喀斯特地貌的特点及石漠化的形成过程，分析在山坡种植玉米等作物，对土壤的扰动作用，以及长久下去对生态环境的影响。结合以上分析，引导学生理解政府实行易地扶贫搬迁，引导人口向城镇集中的合理性。

3.引导学生关注国家政策，并用所学知识去解读政策，积极倡导亲人、朋友支持政府的决策

政府在组织易地扶贫搬迁以及其他精准扶贫工作中，遇到了很多困难，其中最根本的原因是老百姓受教育程度有限，不理解、不支持国家的政策。如果学生能将课堂上所学的知识与理念向亲人、朋友传播，做一些劝导工作，那将大大减少国家基层工作人员面临的阻力。在课堂上正确引导学生解读与宣导国家政策，既能促进学生对国家政策的理解与支持，又能提高学生的社会责任感。

4.充分利用课后思考与实践中的问题，促进学生对贵州生态文明建设措施的理解与支持

可以同班主任商议，以主题班会的形式，宣传学生生活中与贵州生态文明建设目标相符合的事例。

七、课后思考与实践提示

和谐的序曲

1.第一个问题的提示

古埃及位于非洲东北部，尼罗河纵贯全境含有大量矿物质和腐殖质的泥沙随流而下，在两岸逐渐沉积下来，成为肥沃的黑色土壤。

古巴比伦文明发源于底格里斯河和幼发拉底河之间的流域——苏美尔地区。两河流域曾经存在特别湿润的气候。那时，亚美尼亚山区丰沛的降水源源不断地注入幼发拉底河和底格里斯河，两河流域的水源又滋润着平原肥沃的土地。

古印度文明分为印度河流域产生的文明和恒河流域产生的文明。印度河流域属于亚热带气候，具有明显的季风气候特点。恒河三角洲主要属于热带湿润气候，恒河平原由恒河及其支流冲积而成，恒河下游段与布拉马普特拉河汇合，组成下游平原与河口三角洲。

古中国文明诞生于黄河流域和长江流域。黄河流域主要属于南温带、中温带和高原气候，光照充足，太阳辐射较强；长江流域大部分属于亚热带气候，雨水充沛，气候适宜。

综上，四大文明古国，均发源于森林茂密、水量充沛、田野肥沃，生态良好的地区。在这些地区，生态环境条件适宜。天气决定了农时，风调雨顺、土地肥沃就能获得好的收成，养活更多人口，为文明的诞生及兴盛提供必要条件。

2.第二个问题的提示

古巴比伦王国（前1894年—前1595年）位于美索不达米亚平原，有先进的铸造技术。流经美索不达米亚平原的底格里斯河和幼发拉底河的两河流域，产生过饮誉世界的两河流域文明，孕育了璀璨夺目的古巴比伦文明。在这平原上发展了当时世界上稀有的几大城市，流传最早的史诗、神话、药典、农业历书等。但是，城市发展，人口增加，人们开荒伐林，把森林变成了田地，导致水土流失，开始出现沙漠化，农田逐渐变为沙漠，耕地急剧下降，导致粮食危机，国家出现内乱，也给了外族人可乘之机。

工业文明的危机

1.第一个问题的提示

以酸雨为例。酸雨是指pH小于5.6的雨、雪或其他形式的降水。雨、雪等在形成和降落过程中，吸收并溶解了空气中的二氧化硫、氮氧化合物等物质，形成了pH低于5.6的酸性降水。酸雨的危害如下：①可导致土壤酸化，加速土壤矿物质营养元素的流失；②诱发植物病虫害，使农作物大幅度减产；③抑制某些土壤微生物的繁殖，降低酶活性；④使非金属建筑材料的表面硬化水泥溶解，出现空洞和裂缝，导致强度降低，从而损坏建筑物。

酸雨主要是人为向大气中排放大量酸性物质造成的。人为向大气中排放酸性物质主要有以下途径：①煤、石油和天然气等化石燃料燃烧；②交通运输，如汽车尾气。工业生产、民用生活燃烧煤炭排放出来的二氧化硫，燃烧石油以及汽车尾气排放出来的氮氧化物，经过"云内成雨过程"，即水汽凝结在硫酸根、硝酸根等凝结核上，发生液相氧化反应，形成硫酸雨滴或硝酸雨滴；又经过"云下冲刷过程"，即含酸雨滴在下降过程中不断合并吸附、冲刷其他含酸雨滴和含酸气体，形成较大雨滴，最后降落在地面上，形成了酸雨。由于人类排放的酸性物质也会随着大气环流向全世界转移，所以酸雨污染也呈现全球化。

2.第二个问题的提示

由于工业文明对自然资源的开发利用速度较快，排放的废弃物也较多，在不具备治污系统或治污能力不足的条件下，污染物被直接排放到自然环境中，给环境带来较大的干扰，超过了自然环境维持平衡的能力（自我调节能力），带来了大气污染、水污染、土壤污染、核辐射污染等，引发生态危机。

生态文明进行曲

1.第一个问题的提示

与生态有关的古文或诗句：春三月，山林不登斧，以成草木之长；夏三月，川泽不入网罟，以成鱼鳖之长。——《逸周书·大聚解》

竭泽而渔，岂不获得？而明年无鱼；焚薮而田，岂不获得？而明年无兽。诈伪之道，虽今偷可，后将无复，非长术也。——吕不韦《吕氏春秋·义赏》

修火宪，养山林薮泽草木鱼鳖百索，以时禁发，使国家足用而财物不屈，虞师之事也。——《荀子·王制》

斩伐养长不失其时，故山林不童而百姓有余材也。——《荀子·王制》

故为人君而不能谨守其山林菹泽草莱，不可以立为天下王。——《管子》

山林虽近，草木虽美，宫室必有度，禁发必有时。——《管子》

2.第二个问题的提示

生态文化是反映人与自然环境、人与社会、社会与自然环境之间和睦相处、和谐发展的一种社会文化。生态民俗是约定俗成的、历史形成的生命价值认定和自我管理、自我约束的社会文化机制，它具有与时俱进的特性，随着社会的发展和人们对生命、环境、生态文明认识的加深，其内容也不断更新变化。它是民间自我规范的一种有效方式。

与生态理念有关的民俗和传统文化：如人类起源神话、民歌民谣、地方风物传说、民间信仰、生产生活过程中与环境保护有关的风习、环境故事、乡规民约等。人类起源神话可以使人们感悟自然环境之恩，民歌民谣可以陶冶人们的环境情操，地方风物传说可以激发人们热爱乡土之情，民间信仰可以帮助人们树立生态环境观，生产生活过程中环境保护风习可以促使人们形成良好的环保习惯，环境故事可以启发人们积极参与社区环境建设，乡规民约可以促使人们遵守法律法规。由此可见，极具深厚底蕴的生态民俗文化具有很高的生态文明价值，因此我们要注重传承发扬好的生态民俗文化。

贵州生态文明建设新阶段

1.第一个问题的提示

2021年9月23日，贵州举行2021年易地扶贫搬迁工作推进情况新闻发布会。会上表明：在"十三五"期间，我省完成易地扶贫搬迁192万人，其中，贫困人口157.8万人，城镇化集中安置183万人，建成住房46.5万套，整体搬迁自然村寨10290个，是全国搬迁规模最大、城镇化安置比例最高的省份。此外，2022年贵州省黔西南自治州易地扶贫搬迁后续扶持工作还获国办督查激励。

截至2022年，贵州省森林覆盖率达62.8%，草原综合植被覆盖率达88%；县级及以上城市空气质量优良天数比率达99.4%；主要河流监测断面水质优良比例98.8%；主要河流出境断面水水质优良率和中心城市集中式饮用水水源地水质达标率保持在100%。

2.第二个问题的提示

作为首批生态文明实验区，贵州采取了多项措施来守护生态和发展两条底线，其中有30项生态环境保护工作成为全国可复制可推广的改革举措和经验做法，分别为多类型自然资源资产统一确权登记制度、梵净山世界自然遗产保护管理机制、构建生态环境大数据平台以及生态环境监测监察执法垂直管理、按流域设置环境监管和行政执法机构、农村生活垃圾积分兑换机制、河湖长制责任落实机制、河湖长制+河湖司法协作机制、矿山集中"治秃"、城市生态修复功能修补、磷化工行业"以渣定产"、生态产业发展机制和资源枯竭型城市绿色转型等。

八、教学设计案例

和谐的序曲

（一）教材分析

《和谐的序曲》沿着人类历史发展的阶段，介绍了古代文明的诞生、发展、兴盛、迁移、衰退甚至灭亡与生态环境的关系。体现了生态环境条件是人类生存和发展的根基。

（二）学情分析

本节课的授课对象是高二年级的学生，学生在七年级已经初步学习了生态学，对生态环境为人类提供的价值有了直观的认识。通过历史、地理等学科的学习，学生对人类文明的诞生、发展有一定理解，有助于理性分析生态环境在人类生存、发展过程中扮演的重要角色。

（三）教学目标

（1）初步形成生命的系统观，认同人类社会与生态环境构成一个系统，人类的生存与发展离不开良好、稳定的生态环境。

（2）通过对生态环境条件与人类文明发展变化的影响，认识到人类与生态环境之间构成了相异相依、共存共荣的有机整体，逐步形成整体性思维。

（3）逐步形成尊重自然、顺应自然、保护自然的生态观，形成人与自然和谐共生的观念。

（四）教学重点、难点

1.教学重点

（1）说出古代人类文明起源地的地理环境，说明早期人类文明的诞生对生态环境的依赖性较强的原因。

（2）举例说明"生态兴则文明兴，生态衰则文明衰"。

2.教学难点

说明早期人类文明的诞生对生态环境的依赖性较强的原因。

（五）教学策略

①讲授法；②小组讨论法；③VIPP教学法。

（六）教学过程

学习任务	教师活动	学生活动	设计意图
内容导入	【问题导学】 　　在人类文明历史中，文明是在什么条件下诞生的？生态文明是在什么背景下发展起来的？为了更好地回答这些问题，我们需要去人类历史发展进程中，在人与自然生态环境的关系上寻找答案。	明确本章学习方向：在历史发展的进程中，从人与自然生态环境的关系中认识生态文明思想的形成。	引导学生从不同的角度去认识问题
自然哺育文明	【展示】 　　现代人都知道，生命的维持需要阳光、空气、水等，古时候的人类也不例外。哪里的自然环境条件好，哪里就会吸引更多的人到此生活。大河流域地区因为有着肥沃的土地和充足的水源，适合人类聚集发展农业与畜牧业，自然而然成为古文明的发源地。世界上的四大古文明：中国黄河流域、西亚两河流域、埃及尼罗河流域、印度的印度河、恒河流域——都是诞生在大河流域地区。这些地区最先从狩猎采集转向了驯化动植物的生活，产生的文明的萌芽。	了解四大古文明诞生地的自然生态环境。从人类衣、食、住、行等方面的需求出发，去考虑人对自然环境的依赖。 　　阅读教材P$_{2~3}$ "自然哺育文明"，认同人类文明的诞生离不开生态良好的自然环境。	激发学习兴趣，引起学生思考。

续表

学习任务	教师活动	学生活动	设计意图
文明的兴衰	【过渡】 人类文明诞生之后，由原始文明逐渐进步到农业文明，生产工具进一步优化，生产力得到发展。新的灌溉技术、耕作技术等养活了更多的人口。那么，人类是否能够摆脱对自然环境的依赖？ 【问题导学】 习近平总书记对生态环境的重要性作出精辟的概括：生态兴则文明兴，生态衰则文明衰。那这样的概括是以什么事实为依据呢？ 组织学生阅读教材P$_{3\sim4}$ "文明的兴衰"，讨论并列举生态的兴衰决定文明兴衰的实例。 【展示】 播放视频《古巴比伦文化是如何消失的》，让学生形成直观认识。 几千年前，位于底格里斯河、幼发拉底河之间的美索不达米亚平原被称之为人间天堂，这里有着湿润的气候和适宜的环境，孕育出了人类历史上早期的古巴比伦文明。随着气候	【思考与讨论】 思考教师提出的问题，阅读教材，探寻生态兴衰与文明兴衰的关系，小组讨论并概括回答。 【观察、倾听与内化】 学生观看视频，了解古巴比伦文明消失的原因，思考生态条件的改变与农业、人口、战争、国家兴亡、文明兴衰的关系。 古文明的发源，验证了"生态兴则文明兴"的道理。随着人类社会的发展，即便到了以农业为主要生产方式的时期，人类较原始文明时期掌握更多生产技能，对自然环境的依赖性依然非常强。因为天气决定了农时，风调雨顺、土地肥沃	通过对问题的思考，阅读教材、提取重要信息，寻找实例，分析、思考、讨论、组织语言回答问题。培养学生的循证思维。

续表

学习任务	教师活动	学生活动	设计意图
	的变化,丰腴的土壤逐渐沙漠化,可用耕地急剧下降。粮食危机带来战争,古巴比伦文明最终消失在了历史长河里。 【总结提升】 由各个实例不难看出,由于气候改变,或人类活动带来的自然环境改变,适宜植物生存的空间将会减少,植物种类、数量减少,动物的栖息地和食物减少,生物多样性降低,影响人类的衣、食、住、行等方面。文明可能会衰退灭亡,或者向其他地方转移。	就能获得好的收成,养活更多人口;反之则会发生饥荒,甚至导致社会秩序崩溃,最糟糕的会走向衰落和毁灭。如古巴比伦文明的消失、罗马文明的迁移及最终灭亡、中华文明由西北向东南的转移等。	通过视频资料的直观刺激,加深思考,形成"生态兴则文明兴,生态衰则文明衰"的观念。
小结	人类的生存、繁衍和发展离不开适宜的自然环境。人类古文明往往诞生在生态良好的地区。所以说,是自然哺育了文明。在农业社会及以前,人类对自然环境的依赖性非常强。在生态环境适宜的地方,文明会越来越兴盛;反之,文明则会转移到其他地区,或走向衰落,甚至灭亡。可谓"生态兴则文明兴,生态衰则文明衰"。		引导学生正确认识人与自然的关系。

工业文明的危机

（一）教材分析

《工业文明的危机》承接《和谐的序曲》，继续沿着人类历史发展的进程，主要介绍了18—20世纪的三次工业革命给大自然带来的破坏。大气污染、水污染、放射性污染、有毒化学物质（如DDT）等污染直接或间接地威胁着人类的生存与健康，也把整个地球生态系统推到了濒危的边缘。在此背景下，人类必须反思危机的根源，重新思考人与自然的关系，寻求破解困局的方法，从而引出下一部分内容"生态文明进行曲"。

（二）学情分析

本节课的授课对象是高二年级的学生，学生在小学、初中阶段已经了解到全球存在的一些环境问题，通过物理、化学、地理等学科的学习，以及通过电视、网络等途径，对引发环境问题的原因有一定了解。在既有知识的基础上，从历史发展的视角下来分析工业文明给全球带来的生态危机，有助于学生想得更深，看得更远，客观审视、反思人类的行为，树立可持续发展的观念。

（三）教学目标

（1）了解三次工业革命给生态环境带来的破坏，理性看待生态系统维持稳定性及恢复生态平衡的能力，认识到生态系统的稳定与平衡的实现是有限的，不断形成稳态与平衡观。

（2）列举并分析工业革命产生的大气污染、有毒化学物质等在全球范围内的扩散所引发的一系列问题，形成线性因果、循环因果的思维方式。

（3）了解工业革命带来的危机后，反思人类在第一次工业革命后兴起的"征服自然""改造自然""认为自然只不过是提供资源及满足人类欲望的工具"等社会思潮，认同"人与自然是命运共同体"。

（四）教学重点、难点

1.教学重点

三次工业革命中诞生的新技术及随之出现的生态危机。

2.教学难点

三次工业革命后出现的生态危机。

（五）教学策略

①讲授法；②小组讨论法；③ VIPP 教学法。

（六）教学过程

学习任务	教师活动	学生活动	设计意图
新课导入	【展示、创设情境】 播放视频《70年前伦敦遭遇黑色灾难，1.2万人因雾霾丧生》。 伦敦以雾都著称。煤炭作为工业革命的粮食，驱动着英国成为当时世界上最强大的帝国，也为伦敦带来了蓬勃的发展。几个世纪以来，伦敦的烟雾都可以致命，但人们已经习惯	观看视频，了解大气污染对人类生存与健康的影响。 1952年12月5日，高压冷空气把煤烟滞留在了云层之下，使毒气无法扩散。几小时后，随着工厂烟囱、壁炉烟囱和汽车向空气中排放的数千吨烟尘混合在一起，雾开始变成黄褐色，并且充满了二氧化硫，像臭鸡蛋一样散发着恶臭，这种	创设教学情境，让学生直观感受工业生产及城市生活带来的大气污染对人类健康的影响。

续表

学习任务	教师活动	学生活动	设计意图
	与烟雾为伴。直到1952年，一场弥漫了五天的烟雾致使约一万二千人丧生，才唤醒了英国和整个世界，使人们正视无节制污染所带来的危害。它就是20世纪十大公害事件之一——伦敦大烟雾。 工业革命促使生产力飞速发展，人类掌握了改造自然的巨大力量。肆无忌惮地改造自然，最终也给人类带来严重的后果。伦敦大烟雾只是其中之一。 工业文明带来的危机还有哪些？我们该如何破解？	状况持续了整整5天。 伦敦大烟雾让死于支气管炎和肺炎的人数增加了7倍，伦敦东区的死亡率增加了9倍，5天内直接导致的死亡人数高达四千人。直到半年后的夏天，死亡率仍然远高于正常水平。有研究表明，这场大烟雾夺去了约一万二千人的生命。另有十万人因雾霾对人体呼吸道的影响而患病。	
自然的报复	人与自然的关系不断发生变化。从原始文明时期的敬畏自然，到农业文明时期的利用自然，再到工业文明时期的征服自然。随着人类征服自然的脚步加快，自然的报复也让人类付出了沉重代价。	【阅读、思考与讨论】 分析教师提出的问题，阅读教材，了解人与自然关系的变化所带来的环境危机。	引导学生理性看待技术革命带来的利弊，了解生态危机产生的过程。

续表

学习任务	教师活动	学生活动	设计意图
	【问题导学】 　　工业文明时代对自然资源的开发利用与农业文明时代有何差异？给环境造成的负面影响是如何出现的？自然是如何报复人类的呢？ 　　组织学生阅读教材P_{5~6}"自然的报复"。	由于矿产资源产业化、规模化的开采和利用所带来的收益远远高于在"地里刨食"的农牧业经济，大工厂的流水线取代了以家庭为单位的手工作坊。工业文明时代对矿产资源的消耗远远大于农耕时代。 　　第一次工业革命诞生了蒸汽机和纺纱机等。棉纺织业和机器制造业带动了钢铁、煤矿、铁路等行业的发展。蒸汽机以煤为燃料，产生的煤烟使空气污染严重。工业化带来城市化，城市人口增长，大量的生活垃圾排入河流，造成河水污染。	
危机在扩大	【过渡】 　　虽然环境危机在率先发展起来的工业城市显露，但是第一次工业革命飞速提高了生产力，使人类物质财富急剧增长，生活水平大大提高，加之其他因素，科技的发展注定不会因为环境问题而停下脚步。新的技术给人类带来新的发展机遇，也给环境带来更多挑战。		

续表

学习任务	教师活动	学生活动	设计意图
	【展示】 　　播放视频《世纪灾难：HBO再现切尔诺贝利事件》，组织学生观看，了解核能技术的发展带来的危害。 　　核能的研究利用也是工业革命中诞生的技术。虽然发展核能可以大大减少对矿产资源的开发，减少废弃物的排放，但是存在较大的安全隐患。一旦发生核电站泄漏事故，放射性物质将会扩散，直接损伤所接触到的生命体，也给空气、土壤、水源等造成污染，间接影响更多生物的生存与繁衍。若不能有效控制，污染范围还会延伸至邻国甚至全球。 　　在第二、三次工业革命中新兴的技术还有很多。 　　组织学生阅读教材P$_{6\sim9}$"危机在扩大"，了解第二、三次工业革命带来的技术进步及生态危机。	观看视频，了解核能技术发展利用时存在的危险因素，真切体会核辐射带来的环境污染，以及放射性辐射给人体健康带来的危害。 　　1986年4月26日早晨，乌克兰普里皮亚季邻近的切尔诺贝利核电厂的第四号反应堆发生爆炸。剧烈的爆炸将8吨重的高放射性燃料抛入了夜空中。 　　爆炸发生4分钟后，消防员冲到事故现场进行救援。围观群众以为这是场"很美"的事故，并不知飘散的是核反应堆喷射出的放射性烟尘。 　　这次灾难参与救火的108位消防队员中，共有31人因为直接受到辐射伤害而死亡。剩下的人虽然幸免于难，但却又因受到辐射而患上了后遗症，他们必须忍受热灼伤、化学烧伤、心力衰竭、肺功能和免疫力下降所带来的痛苦。然而这还只是灾难的开始，被炸毁的反应堆仍在释放致命性射线。	吸引学生注意，对核辐射给人体带来的损害形成直观感受，引导学生重视核能开发与利用中存在的安全风险。 　　通过自主阅读，对第二、三次工业革命带来的技术进步及环境危机形成客观认识，正视生态危机。

续表

学习任务	教师活动	学生活动	设计意图
	第二次工业革命诞生了发电机和内燃机，使人类进入了电气时代；第三次工业革命诞生了电子计算机、核能、生物工程等技术。 工业化生产迅速地从英、法、德等几个国家扩散到整个欧洲，乃至整个世界，并加快了城市化的进程。由于缺少相应的治污系统，工业废物与生活垃圾被随意排放，污染在全世界蔓延。从20世纪开始，跨越国境的污染变成了常事，酸雨、有毒化学品在食物链中的富集、大气污染引发的全球气候变化等，极大地危害人类社会，没有国家能独善其身。	结合教师的引导，阅读教材对应内容，了解三次工业革命带来的技术进步及环境危机。	

学习任务	教师活动、学生活动、设计意图
破解困局	**【过渡】** 科学技术是第一生产力，技术也是一把双刃剑。一方面，它大力促进了人类社会的发展；另一方面，技术发展所改变的生活、生产方式给自然环境带来了极大的冲击。然而，我们不能因噎废食，不能因为生态环境遭到破坏，就否定人类在科技探索中做出的努力。那么，人类破解困局的方向在哪里？

续表

学习任务	教师活动	学生活动	设计意图
	破解生态危机，首先要反思危机的根源，才能寻求解决危机的对策。 　　**【问题导学】** 　　组织学生阅读教材 $P_{9\sim10}$ "破解困局"，思考导致生态危机的原因及破解之道。 　　人类的行为往往是由观念所支配的。要想破解生态危机，就需要改变不合理的发展方式和生活方式；要想改变发展方式和生活方式，就得先改变人类的自然观和价值观。 　　只有将观念改变，才能改变人类活动，才能破解环境危机。 　　尊重自然、顺应自然、保护自然（自然观、价值观）→践行绿色发展、绿色生活方式（行为）→生态系统稳定、多样、和谐。	**【阅读·思考·讨论】** 　　阅读教材，分析导致生态危机的原因。 　　（1）人口膨胀，超过地球的承载力。 　　（2）新技术发明和应用不合理，只考虑局部有利的环节，忽略了生态是包容万物的循环。 　　（3）自然观和价值观存在问题→发展方式和生活方式存在问题→人与自然关系恶化→环境危机；支配自然、改造自然（自然观、价值观）→生产、生活方式破坏环境（行为）→环境问题。	引导学生深度思考生态危机出现的根源，理性看待人与自然的关系，不断形成尊重自然、顺应自然、保护自然的生态观念。

续表

学习任务	教师活动	学生活动	设计意图
小结	自进入工业文明以来，人类在科技上的成就，以及生产方式、生活方式的改变。这些改变给自然带来巨大的挑战，引发了很多生态危机，威胁着人类等其他生物的生存与发展。要想从根本上破解环境危机，人类必须改变自然观和价值观，重新思考人与自然的关系，思考当前自身利益与子孙后代长远利益的关系，思考生态环境保护与发展的关系，改变生产、生活方式——从工业文明中调整方向，走生态文明道路。		概括、总结本节内容，过渡、引入下一节内容。

生态文明进行曲

（一）教材分析

《生态文明进行曲》承接《工业文明的危机》，呼唤人类正视生态问题，寻找新的文明价值观。一方面再现中华传统文明中的生态智慧，另一方面阐述了中华文化中道家"天人合一"的思想精髓和习近平生态文明思想。站在国家乃至全球发展的层面，表明了当今中国应对全球生态危机的态度。

（二）学情分析

本节课的授课对象是高二年级的学生，学生在语文、地理、政治等学科的学习中了解过"天人合一"等生态文化观念，在日常接触的文化生活中，也渗透着对自然产出"取之有时，用之有度"的朴素观念。故学生对中华文明生态智慧的学习较容易。由于缺乏对国家政策的了解，学生对习近平生态文明思想的学习可能存在困难，需要教师做好引导，帮助学生打开格局，提高认识，增强学生参与全球生态文明建设的使命感。

（三）教学目标

（1）通过对中华文明生态智慧的学习，认同古人"天人合一"的自然生态伦理观，并以"取之有时，用之有度"的观念指导生活。

（2）通过对中华文明生态智慧的学习，传播中华优秀传统文化，增强民族自信。

（3）阐述习近平生态文明思想"八个坚持"的内涵，认真领会习近平生态文明思想的重大意义。

（4）通过对习近平生态文明思想的学习，增加对国家发展政策的了解，增强保护环境的使命感。

（四）教学重点、难点

1.教学重点

中华文明生态智慧；习近平生态文明思想。

2.教学难点

习近平生态文明思想。

（五）教学策略

①讲授法；②小组讨论法；③VIPP教学法。

（六）教学过程

学习任务	教师活动	学生活动	设计意图
新课导入	工业文明给我们带来了严重生态危机，想象这种危机持续下去，人类的生活环境将会发生什么样的变化？这警示我们要纠正人类改变自然、征服自然的错误思想，要切实推进工业文明变革，发展新的文明价值观。 在这样的背景下，我们一直在找寻一条永续发展之路，不负众望，我们在汲取各国生态思想的精华，深刻理解马克思主义生态理论等的基础上，逐渐	回忆上节内容，意识到生态危机的严重性，从人与自然生态环境的关系去认识生态文明思想的形成，明确人类必须进入生态文明，才能走向未来。	通过问题引导学生从历史发展的角度来审视人类与自然的关系，进而调动学生学习的主动性。

续表

学习任务	教师活动	学生活动	设计意图
	建立起自己的生态文明价值观，最终形成了具有中国特色的习近平生态思想。		
	【过渡】 从古至今，生态智慧和生态思想就一直存在于中华文化之中，在很久以前，我们先人就认识到人与自然应当和谐共生。		
中华文明生态智慧	播放视频《林建华：习近平生态文明思想与中国传统生态智慧，一脉相承又与时俱进》。在中华文化长河中，孕育了极为丰富的生态文化，自然生态与人类文明息息相关，依照自然规律，人类需做到"取之有时，用之有度"。 **【提问】** （1）什么是"天人合一"？道家天人合一的思想孕育了哪些观念和行为？ （2）纵观古今，哪些行为体现了"取之有时，用之有度"的思想观念？ （3）在"天人合一""取之有时，用之有度"的观念指导下，古人建立了哪些制度？发布了哪些律令？	（1）观看视频，阅读教材P$_{11\sim12}$，认识到"天"主要指自然界或自然的总体，即宇宙的最高实体；"人"指人和人类；"天人合一"就是人与自然合一。人与自然万物是兄弟朋友，相互友爱等观念就体现了这一思想。 （2）结合视频，阅读教材P$_{12\sim13}$，认识到不射夜宿之鸟，在草木生长之时，不砍伐幼苗；打鱼不能一网打尽等行为体现了"取之有时，用之有度"的观念。 （3）阅读教材P$_{13}$，认识到古人在生态观念的指导下建立了虞衡制度，并且一些朝代还发布了保护自然的律令——《伐崇令》等。	回归传统文化，从传统文化中吸取生态智慧，践行"天人合一""取之有时，用之有度"等生态观念，同时增强文化自信。

续表

学习任务	教师活动	学生活动	设计意图
	（4）从长远看，"天人合一""取之有时，用之有度"的思想对自然环境的稳定和恢复有什么益处？对人类的生存和发展是否存在影响？存在哪些影响？	（4）结合视频，站在历史发展的长远角度考虑，"天人合一""取之有时，用之有度"的思想对自然环境的影响、对人类生存发展的影响。	
习近平生态文明思想	【过渡】上述视频最后说到，自党的十八大以来，习近平总书记一直注重人与生态环境的和谐发展，以中华优秀传统文化思想和马克思主义思想等为基础，结合当代社会发展需求，最终形成了符合当代社会发展的习近平生态文明思想。习近平总书记对生态文明建设的执着追求，实践之早历时之长，贯穿了习近平总书记从地方到中央的从政历程，现在让我们跟着习近平总书记的步伐，一同走进生态文明探索之路。		
	播放视频《系列时政微视频｜时代创见——跟着总书记一起建设美丽中国》。从1985年至今，我们探索生态文明的脚步从未停止。 【提问】结合视频，结合生态文明建设的历程，谈谈你内心的看法？	观看视频，提取视频中的信息，认识到1985年习近平总书记在河北正定县就意识到保护环境消除污染是现代化建设的重要任务；2003年在浙江就提出"生态兴则文明兴"的重要论断；2005年在浙江提出"两山"理念；我们的党中央从2012年将生态文明建设纳入"五位一体"总体布局到2018	拓宽学生视野，增加对国家发展政策的了解，加深对生态文明建设历程的认识，增强保护环境的使命感。通过阅读、归纳概括形成概念。

续表

学习任务	教师活动	学生活动	设计意图
	指导学生阅读教材P$_{14\sim16}$"习近平生态文明思想"：习近平生态文明思想的丰富内涵集中体现为"八个坚持"。这"八个坚持"分别为什么？	年提出并确立习近平生态文明思想，表明党中央一直注重生态文明建设，也表明了在探寻生态文明建设这条路上，我们一直奋力向前。 阅读教材，阐述习近平生态文明思想中的"八个坚持"。	

【过渡】

在习近平生态文明思想的指导下，我们的天更蓝、山更绿、水更清、环境更优美了。

学习任务	教师活动	学生活动	设计意图
	播放视频《在习近平新时代中国特色社会主义思想指引下，坚持绿色发展，建设美丽中国》。近十年来，在习近平生态文明思想的指引下，我国在全球生态文明建设中已经成为重要的贡献者和引领者。 【提问】 结合视频，阅读教材P$_{14\sim16}$"习近平生态文明思想"，你对习近平生态文明思想有何看法？	观看视频，阅读教材P$_{14\sim16}$，认识了解到习近平生态文明思想为中国经济发展方式的转变、生态治理现代化的实现、生态文化建设的加强、美丽中国的建设、人类命运共同体的推进提供了方向指引。	从实例出发，结合我国实际情况，了解习近平生态文明思想在美丽中国建设之中的影响，明确其重要意义。

续表

学习任务	教师活动	学生活动	设计意图
小结	综上所述，中华传统文化中蕴含着丰富的生态文明智慧与思想，在这些生态智慧与生态思想及其马克思生态理论等的指导下，形成的具有中国特色的习近平生态文明思想正指引着中国向生态美丽强国大步迈进。		通过归纳总结，促进知识系统化、结构化。

贵州生态文明建设新阶段

（一）教材分析

《贵州生态文明建设新阶段》讲述了在习近平生态文明思想的指引下，贵州进入生态文明建设的新阶段，确立了贵州省国家生态文明试验区的目标和任务；贯彻落实习近平总书记对贵州生态文明建设系列重要指示精神，顺应历史发展潮流，扎实开展国家生态文明试验区建设，取得较大的成就，为全国探索可复制、可推广的路径经验，贡献了贵州智慧。

（二）学情分析

学生在上节课学习了习近平生态文明思想，了解了国家层面的绿色发展理念。在日常生活中，对"封山育林""退耕还林""易地扶贫搬迁"等政策有所了解，但对在全省范围内建设生态文明试验区的目标、意义、存在的困难、建设任务等缺乏全局认识。在教学中，教师需要收集生态文明试验区建设的视频和文字资料帮助学生理解。

（三）教学目标

（1）了解设立统一规范的国家生态文明试验区的政策背景、意义和建设任务。了解贵州入选国家生态文明试验区的原因、目标和任务。

（2）贵州国家生态文明试验区建设采取的措施和成绩，举例说明身边生态文明建设实现经济效益和生态效益双赢的例子。

（3）认同绿色发展，绿水青山就是金山银山的生态文明观念。

（四）教学重点、难点

1.教学重点

贵州入选国家生态文明试验区的原因、目标和任务；贵州国家生态文明试验区建设采取的措施和成绩。

2.教学难点

贵州国家生态文明试验区建设采取的措施和成绩。

（五）教学策略

①讲授法；②VIPP教学法。

（六）教学过程

学习任务	教师活动	学生活动	设计意图
创设情景引入新课	【创设情景】 　　播放视频《首批国家生态文明试验区名单公布》。十八大以来，党中央和国务院就加快推进生态文明建设作出一系列决策部署，先后印发了《关于加快推进生态文明建设的意见》《生态文明体制改革总体方案》和《关于设立统一规范的国家生态文明试验区的意见》。	观看视频，提取视频中的信息。认识到福建、江西和贵州入选首批国家生态文明试验区。到2020年，试验区要率先建成较为完善的生态文明制度体系，形成可复制、可推广路径经验，生态资源利用情况大幅提高，环境质量得到持续改善，实现社会经济效益和生态效益双赢，形成人与自然和谐发展的现代化建设新格局，为加	播放视频，吸引学生兴趣，时代引领，调动学生学习的主动性。

续表

学习任务	教师活动	学生活动	设计意图
	【提问】 （1）哪些省份入选首批国家生态文明试验区？ （2）国家生态文明试验区到2020年的目标是？	快生态文明建设、实现绿色发展、建设美丽中国提供有力制度保障。	
贵州成为首批国家生态文明试验区	【过渡】 　　为了探索适合我国国情和各地发展阶段的生态文明制度模式，党的十八届五中全会和国家"十三五"规划纲要明确提出，设立统一规范的国家生态文明试验区，贵州生态文明建设由此进入了新阶段。		
	资料1：贵州自然、矿产资源丰富，水能资源蕴藏量居全国第6位，森林覆盖率达60%以上，生物种类繁多。境内河流众多，处在长江和珠江两大水系上游交错地带，是长江流域和珠江流域上游重要的生态屏障区。 【提问】 　　贵州入选首批国家生态文明建设试验区的原因是什么？	观看视频，阅读教材P_{17~18}。认识到贵州生态环境基础较好、贵州省委、省政府高度重视的生态文明建设；经济社会发展水平具有一定的代表性，有利于探索不同发展阶段的生态文明建设的制度模式。	通过阅读、思考讨论、归纳概括形成概念。

续表

学习任务	教师活动	学生活动	设计意图
	资料2：2007年，贵州提出把改善环境特别是生态环境作为立省之本；2010年，贵州提出坚持以建设生态文明为核心，推动低碳增长、绿色发展；2012年，贵州加快创建全国生态文明先行区的战略部署；2014全国"两会"期间，习近平总书记肯定了贵州省正确处理发展与保护生态环境关系的成功实践。 【提问】 谈谈贵州入选首批国家生态文明建设试验区的原因是什么？	学生阅读资料2，认识到贵州省委、省政府多年来持之以恒推进生态文明建设，在保持经济快速发展的同时留住了山清水秀。	通过阅读、思考讨论、归纳概括形成概念。
国家生态文明试验区的建设	【过渡】 贵州成为首批国家生态文明试验区，顺应历史发展潮流的重大机遇，守住发展和生态两条底线，正确处理经济发展和生态保护的关系，先试先行，将行动计划落到实践上。 播放视频：《中办 国办印发〈国家生态文明试验区（江西）实施方案〉和〈国家生态文明试验区（贵州）实施方案〉》。	观看视频，阅读教材P₁₈~₁₉，认识到：目前我国已经全面建立产权清晰、多元参与、激励约束并重、系统完整的生态文明制度体系，建成以绿色为底色、生产生活生态空间和谐为基	观看视频和文字资料，了解贵州国家生态文明试验区建设的目标和任务。

续表

学习任务	教师活动	学生活动	设计意图
	【提问】 结合视频，谈谈贵州国家生态文明试验区建设的目标和任务是什么？	本内涵、全域为覆盖范围、以人为本为根本目的的"多彩贵州公园省"。建成长江珠江上游绿色屏障建设示范区、西部地区绿色发展示范区、生态脱贫攻坚示范区、生态文明法治建设示范区、生态文明国际交流合作示范区。	
	【过渡】 从贵州的特定环境、经济现状和社会情况出发，贵州扎实推进国家生态文明试验区建设，创新机制推动脱贫攻坚工作，守住生态和发展两条底线，取得骄人的成绩。		
	播放视频《国庆70周年大型成就展》和《贵州生态文明体制30项改革举措获国家推广》。 入选国家生态文明试验区以来，贵州开展生态文明建设体制改革实践，将绿色发展作为社会发展的基本理念。	学生观看视频，了解贵州国家生态文明试验区建设成绩。贵州省在全国率先制定实施生态文明建设促进条例和生态文明建设目标评价考核办法，牵头建立赤水河流域跨省横向生态补偿机制，在全国首创磷化工企业"以渣定产"，完成国家生态文明试验区建设34项重点任务，贵州13个方面30项	视频和文字资料分析，形成概念。

续表

学习任务	教师活动	学生活动	设计意图
	【提问】 结合视频，谈谈贵州在生态文明体制改革中获得了哪些成就？	改革举措和经验做法获国家推广。	
	播放视频《磷石膏"以渣定产"》。2018年，贵州印发《贵州省人民政府关于加快磷石膏资源综合利用的意见》，在全国率先实施磷石膏"以渣定产"，按照"谁排渣谁治理，谁利用谁受益"原则，以壮士断腕的决心倒逼磷化工企业加快磷石膏资源综合利用和转型升级。 【提问】 结合视频，谈谈磷石膏"以渣定产"的生态效益和经济效益有哪些？	学生观看视频，认识到无害化堆存磷石膏，不仅造成土地资源浪费，还带来严重的安全和环保隐患。通过技术创新使磷石膏成为绿色生态建材的优质原料，实现经济效益和生态效益的双赢。	视频和文字资料分析，形成概念。
	播放视频《贵州安龙治理石漠化种植刺梨》。贵州省黔西南布依族苗族自治州安龙县为有效治理石漠化，采取"公司+基地+农户"的模式，大力发展	观看视频，学生认识到贵州安龙根据喀斯特地貌山区特点，大力发展刺梨产业，以特色农业进行石漠化治理让农业"立起来"。既解决了石漠化地区水土	视频和文字资料分析，形成概念。

续表

学习任务	教师活动	学生活动	设计意图
	刺梨产业，以特色农业进行石漠化治理，让荒山结出"金果果"。 【提问】 结合视频，谈谈贵州安龙石漠化治理的生态效益和经济效益有哪些？	流失的问题，又让农民就业增收，实现经济效益和生态效益双赢，助力脱贫攻坚。	
小结	贵州省贯彻落实习近平总书记对生态文明建设系列重要指示精神，顺应历史发展潮流，扎实开展国家生态文明试验区建设，为全国探索可复制、可推广的路径经验，贡献贵州智慧。		

第二章　守护生灵家园

　　土地，滋养着万千生灵，哺育了人类文明。陆地生物的自然栖息地受到什么威胁？土地资源为何有限？城市化给自然环境带来哪些影响？如何建设健康的城市生态系统？生物多样性有何价值？生物多样性面临哪些威胁？如何保护生物多样性？贵州的土地为何脆弱？如何治理贵州的土地？这些问题都需要在本章解决。

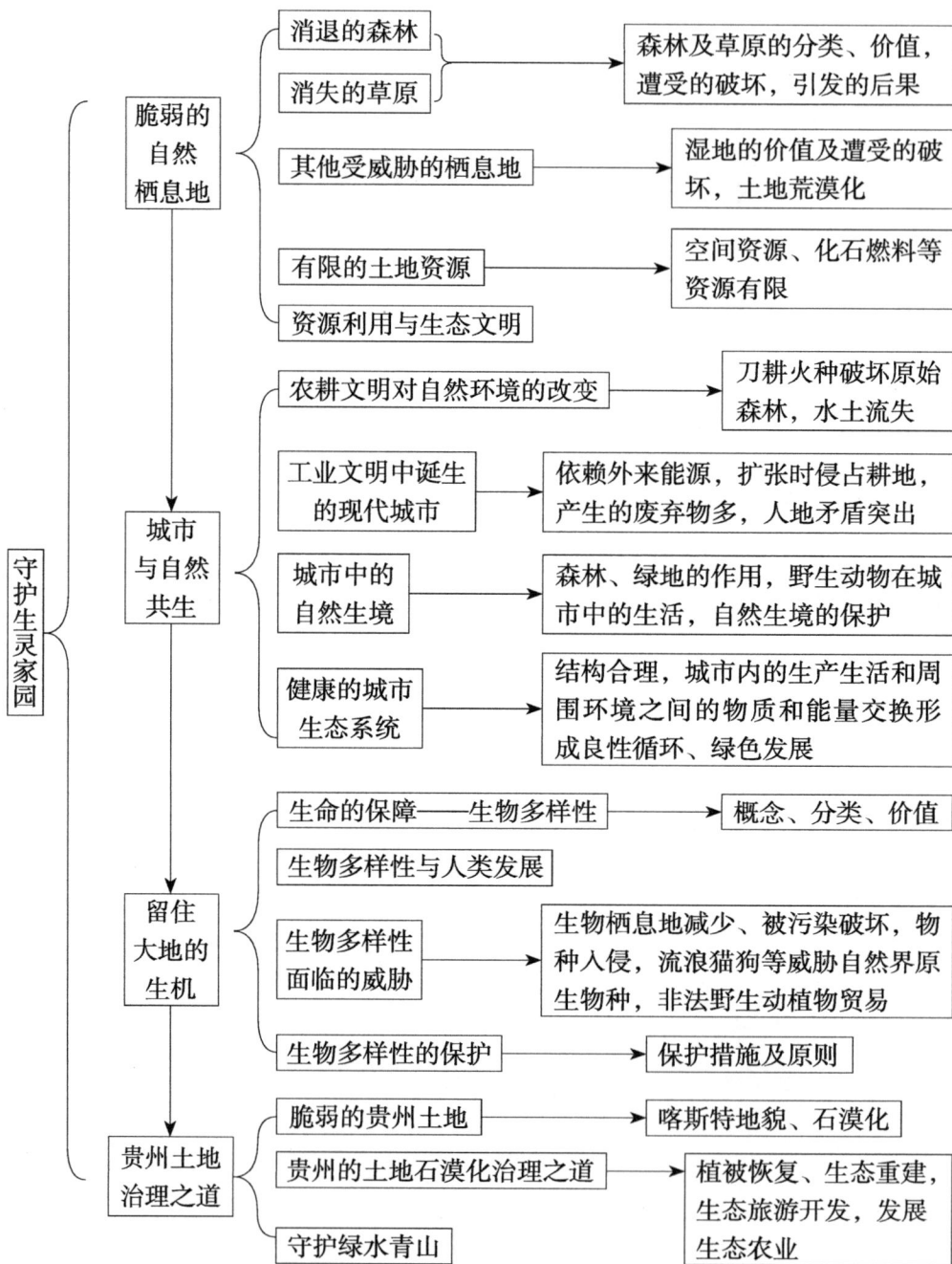

一、内容结构

	消退的森林	森林及草原的分类、价值，遭受的破坏，引发的后果
脆弱的自然栖息地	消失的草原	
	其他受威胁的栖息地	湿地的价值及遭受的破坏，土地荒漠化
	有限的土地资源	空间资源、化石燃料等资源有限
	资源利用与生态文明	

守护生灵家园

	农耕文明对自然环境的改变	刀耕火种破坏原始森林，水土流失
城市与自然共生	工业文明中诞生的现代城市	依赖外来能源，扩张时侵占耕地，产生的废弃物多，人地矛盾突出
	城市中的自然生境	森林、绿地的作用，野生动物在城市中的生活，自然生境的保护
	健康的城市生态系统	结构合理，城市内的生产生活和周围环境之间的物质和能量交换形成良性循环、绿色发展

	生命的保障——生物多样性	概念、分类、价值
留住大地的生机	生物多样性与人类发展	
	生物多样性面临的威胁	生物栖息地减少、被污染破坏，物种入侵，流浪猫狗等威胁自然界原生物种，非法野生动植物贸易
	生物多样性的保护	保护措施及原则

	脆弱的贵州土地	喀斯特地貌、石漠化
贵州土地治理之道	贵州的土地石漠化治理之道	植被恢复、生态重建，生态旅游开发，发展生态农业
	守护绿水青山	

二、设计思路

（一）章首页设计意图

本章首页介绍了"生物圈二号"实验室的建设目的及结果。"生物圈二号"建设的失败，说明地球是不可复制的。人类无法脱离地球而创造出适合自身长期居住的环境。地球是人类唯一的家园。人类对地球的索取应控制在一定限度内，不能超过地球的承载能力。否则，自然的生态环境将无法恢复，其他物种的生存受到威胁，人类最终也将遭到报复。通过对章首页的阅读，学生能认同人类对地球生态环境的依赖，增强保护生命家园的意识。

"天下山峰何其多，唯有此处峰成林"——徐霞客。本章首页的下方配有一张美丽的自然风景图片：灿烂阳光照耀下的兴义万峰林（俯瞰图）。一座座山峰，或独立，或相连，呈现出典型的贵州地貌——喀斯特地貌。山峰之间形成洼地或盆地，绿油油的稻田围绕着山峰铺开，养育着这片土地上的人民。通过欣赏该图片，学生能对"土地滋养生灵"形成具象的认识，也为学习贵州土地的治理之道奠定基础。

（二）内容安排特点

地球表面的大部分地区都被海洋占据，人类生活在仅占地球表面积约30%的陆地上。陆地为人类提供了生存空间及所需要的重要资源，也为其他生物提供了栖息空间及营养物质，为生物多样性的形成奠定了基础。生物多样性为人类提供多种粮食、蔬果、肉类、毛皮和医药等物质，还为人类提供氧气、清洁的水源和相对稳定的气候，以及一些尚未被人类发现的价值，是人类生存和发展的必备条件。对于大多数物种而言，它们所栖居的环境是特异的、局限性的，只有在自然的栖息地中才能被健全地保护。

然而，农耕文明毁林开荒、刀耕火种的生产方式，破坏了地球上的大片原始森林。工业文明诞生的现代城市不断向郊区扩张，侵占了原本用于耕种的土地，使耕地面积不断减少。更重要的是，城市生产、生活对外来能源的依赖很大，产生的大量废弃物排入大气、江河湖海，或深埋土壤，造成环境污染，使人地矛盾愈发加剧，也严重威胁到其他生物的生存，破坏了生物多样性。因此，我们呼吁健康的城市生态系统，呼吁生态农业，呼吁绿色发展模式，以此来守护绿水青山，保护人类唯一的家园。

根据以上思路，本章第1部分阐明了森林、草原、湿地等栖息地面临的威胁，体现了土地资源的有限。第2部分进一步探讨原因——传统农耕模式以及现代城市的发展对土地资源的依赖与破坏，给自然生境带来压力。第3部分阐述生物多样性的重要价值及受到的威胁，呼吁绿色发展，保护其他物种的栖息地，保护生物多样性，留住大地的生机。第4部分回归家乡，介绍贵州省的石漠化治理之道，守护绿水青山。之所以没有将第3部分中生物多样性面临的威胁放在第1部分阐述，是因为部分学生没有学过生物多样性，不了解其含义、价值，对它不易引起重视。此外，第1部分内容已经较多，在第3部分全面地介绍生物多样性后，学生能更好地形成整体认识，不断养成生态文明素养。

三、核心素养侧重点

（一）生态文明思想观念

通过对传统农业生产方式带来的环境压力，以及现代城市发展代价的思考，坚持绿水青山就是金山银山——生态文明思想的绿色发展观。

学习生物多样性的保护措施，及贵州土地石漠化治理之道，坚持良好生态环境是最普惠的民生福祉——生态文明思想的基本民生观。

学习喀斯特地貌上石漠化的形成因素，明确人类活动在该过程中发挥的作用，坚持人与自然和谐共生——生态文明思想的文化价值理念和科学自然观。

不断形成"尊重自然、顺应自然、保护自然"的生态观念。

（二）人地协调观

通过对自然栖息地消退现状的认识，以及对贵州土地石漠化治理途径的了解，形成人地协调观。认识到人类社会要更好地发展，必须尊重自然规律，协调好人类活动与地理环境的关系。

（三）生命观念

增加对森林、草原、湿地等生态系统的分类、功能、消退情况及消退后果的了解，认识到自然栖息地的有限与脆弱，认识到生态系统维持稳态与平衡的能力是有限的。

通过对现代城市发展中存在的问题的思考，明确人类自身在城市生态系统中扮演的角色，形成生命的系统观，认同人类社会与生态环境构成一个系统，人类的生存与发展离不开良好、稳定的生态环境。

（四）社会责任

认识人类活动给生物多样性带来的威胁，明确人类当前保护生物多样性的迫切性，强化生态兴则文明兴的思想，增强保护生物多样性的使命感。

关注贵州省的石漠化治理，关注家乡绿水青山建设，了解并遵守贵州省石漠化治理的相关政策法规。

主动了解、反思自己身边不合理的农业生产方式，增强认识家乡、热爱家乡、保护家乡、建设家乡的责任感和使命感。

四、与学生经验的联系

本章内容与学生的学习经验和生活经验都有密切的联系。例如，经过小学、初中阶段的学习，结合生活经验，学生对森林、草原等自然栖息地被人类活动破坏的情况有一定了解，知道城市扩张会占用更多土地，知道城市生产、生活产生的废弃物会排向环境、污染环境，知道多种多样的生物共同生活在地球上，能形成相对稳定、平衡的生态系统，也知道自己的家乡"地无三分平"，水土流失严重，土地脆弱，很多百姓是在山坡上的石头旮旯缝里种庄稼。因此，本章的一些重要事实、概念是在学生已有知识、经验的基础之上进行的陈述、拓展、提炼与深化。这样做的益处是让学生更容易理解人类活动给生物多样性带来的威胁，了解家乡的土地特征，理解、支持贵州的石漠化治理政策。

五、与其他章节的联系

本章是对第一章内容的分类、拓展与补充。

《脆弱的自然栖息地》和《城市与自然共生》介绍了自然栖息地被破坏的现状及原因，《留住大地的生机》介绍了生物多样性面临的威胁，这三部分是对第一章中《工业文明的危机》的具体分析。《贵州土地治理之道》阐述的贵州土地石漠化治理之道，是第一章中《贵州生态文明建设新阶段》贵州生态文明试验区建设的具体措施之一。

六、教学建议

本章教学内容建议安排4课时，每一课时完成一部分内容教学。

本章自然栖息地遭受的破坏、生物多样性的保护、贵州土地石漠化的治理是重点，生物多样性的含义与价值是难点。为了突破重点和难点，教师应留足时间让学生阅读、思考，在课堂上借助资讯视频、图片等直观教学素材，必要时组织学生分享、讨论，加强认识。

（一）第一课时

1.创设情境，导入新课

在第一课时，教师先播放视频，介绍"生物圈二号"的实验过程及结果，启发学生思考：如果没有地球，人类能否创造一个稳定的生态环境以供自己生存？通过观看视频吸引学生兴趣，使学生认同地球是人类唯一的家园，人类无法"克隆地球"，地球为人类及其他生物提供了栖息地，是生灵的家园，理解我们为什么要迫切地守护生灵家园？

2.组织阅读，获得新知，分享认识，讨论互补

在课堂上，让学生自主阅读教材内容，获取信息。

策略一：教师抽出问题，引导全班整体阅读教材，然后随机让学生分享问题答案及自己的思考。

策略二：教师提出问题，引导学生以小组为单位，分板块阅读教材，然后组织小组讨论、汇总，小组间分享问题的答案及自己的思考。

3.视频播放，加深认识

播放视频《15头大象到底为什么集体北迁》，或播放其他因栖息地被破坏而影响生物生存的视频，让学生对自然栖息地被破坏造成的后果形成直观认识。

4.拓展提升，不断培养生态文明素养

策略一：从生态系统组成成分的角度，从人类在生态系统中扮演的角色出发，引导学生重新审视人类与自然的关系，认同人类不能盲目地凌驾于自

然之上，人类的行为方式必须符合自然规律。

策略二：以"售卖新鲜空气"为例，引导学生了解"生态产品"，意识到"生态产品"的重要性及有限性，提高生态文明素养。

策略三：从社会主义现代化建设出发，引导学生重视人民日益增长的对优美环境的需求，明确在全国开展生态文明建设的意义。

（二）第二课时

1.创设情境，导入新课

农业文明是怎样出现的？对自然环境有什么影响？在农耕文明的基础上，城市是怎样诞生的？播放视频《城市化与未来的城市 Urbanization And The Future Of Cities》，启发学生思考城市文明与农耕文明的差异，为学生理解现代工业城市对自然环境的影响奠定基础。

2.从生态系统物质循环、能量流动的角度，引导学生认识现代工业城市与自然环境的关系

现代城市中的工厂运转和居民生活需要消耗巨大的物质与能量，这大大依赖于外来的石油、天然气、煤炭、粮食等，对自然资源的消耗很大。此外，工厂生产、城市生活产生的废弃物得不到充分处理，排入环境，增加了大气中的二氧化碳及其他有毒物质，也污染了土壤及水体。从物质循环的角度看，现代城市干扰了原本的全球物质循环过程，打破了生态平衡。利用生态学原理，引导学生理解城市化带来的环境危机，辅助其形成尊重自然、顺应自然、保护自然的生态文明观念。

3.从生态系统的稳定性出发，引导学生认识城市中自然生境及其他生物的重要价值

城市扩张的过程中，会不断占用周边的自然生态系统，如森林、荒地、湖泊、河流、海岸线等。这些自然生境的存在，能增加空气湿度，蓄洪防旱，调节区域气候，还为其他生物提供栖息地，也为人类提供休闲、娱乐的场所。一旦在城市扩张中被占用，大片自然生境会被楼房、水泥广场、沥青路面等替代。该区域的蓄水能力、气候调节能力将会大大降低，其他生物的栖息空间也会减少，变得碎片化，甚至消失，最终导致生物种类减少，生态系统的营养结构变得简单，自我调节能力降低，稳定性降低。由此可见，城市中的自然生境，以及生境中的其他生物，对维持城市生态系统长久稳定起着重要作用。既满足人类社会的合理需求，又满足生态系统本身的自我恢复，才是健康的城市生态系统。

（三）第三课时

1.温故而知新

本节内容与前两节内容有一定联系。随着城市化扩大，人类活动侵占、破坏了自然栖息地，对其他物种的生存造成威胁，生物种类减少，影响生态系统的稳定性。在这背后，实质是生物多样性遭到破坏的结果。可简单回顾前两节的内容，为引出生物多样性的概念做铺垫。

2.播放视频，培养生态文明素养

通过播放视频《昆明生物多样性大会主题宣传片》导入新课，让学生在美的视觉、听觉体验中，认可生物多样性的价值，树立保护生物多样性的意识，培养生态文明素养。

3.通过实例，给予点拨

通过实例说明生物多样性在维持生态系统稳定性方面所起的重要作用。以事实为基础，教师结合生态学原理给予点拨，让学生从理论结合实际的角度认识生物多样性的价值，增强其保护意识。

4.组织学生交流与讨论

让学生分享自己家乡的自然保护区，增进对家乡自然资源的了解，强化保护意识。分享个人保护生物多样性的措施，让理性认识指导实际生活，真正践行生态文明思想。

（四）第四课时

1.创设情境，导入新课

播放视频《喀斯特地貌的科普小视频》，让学生了解喀斯特地貌的形成过程及发展趋势。可溶性岩石（石灰岩）是如何被溶蚀的？溶蚀的结果如何？哪些因素会影响这一过程？从学生熟悉的地貌景观（如兴义万峰林、荔波小七孔、平塘天坑、铜仁梵净山等）入手，组织学生举例并解释它们是如何演化而成的。

2.联系实际

引导学生观察、分析身边的石漠化现象，加深对贵州土地的了解。贵州的学生，大都很熟悉石漠化现象，了解老百姓在石头缝里种庄稼的现状，但是对石漠化形成的原因缺乏认识，也不清楚人类活动在石漠化形成过程中发挥的作用。在教学中，教师应引导学生分析老百姓实际进行农业生产的方式，让学生理性认识在石头缝里种庄稼的危害。

3.素养提升

结合近年来贵州土地治理的实例，利用地理学、生物学等原理，引导学生认可治理效果，理解、支持地方治理政策，并在家乡做好宣传。近年来，贵州省在石漠化防治方面采取了诸多举措。在教学中，教师应借助当地典型的案例，以图片或视频让学生了解治理过程及结果。通过实例效果，让学生认同这些治理模式，支持当地的治理政策，进而向亲人、朋友做好解释、宣传。

七、课后思考与实践提示

脆弱的自然栖息地

1.第一个问题的提示

贵州的自然栖息地有陆域栖息地和水域栖息地，陆域栖息地主要是高山及高原，水域栖息地主要是湖泊、河川与溪流。在这些自然栖息地，有如下珍稀动植物：黔金丝猴、黑叶猴、豹、林麝、黑颈鹤、白冠长尾雉、大鲵、雷山髭蟾、银杉、珙桐、梵净山冷杉、单性木兰、掌叶木和红豆杉等。

2.第二个问题的提示

贵州近年来修复的被破坏的自然生态环境，如安顺"十里河廊"。

3.第三个问题的提示

略。

城市与自然共生

1.第一个问题的提示

要实现综合治理，可参考以下方案：

（1）废气、固废治理过程中产生的废水：纳入废水处理单元，无须额外建设废水处理设施，有效减少废气、固废单元的建设和运行成本。

（2）废水治理过程中产生的废气：纳入废气处理单元进行处理，有效减轻废水处理设施周边环境气体污染。

（3）废水处理过程中产生的固废：纳入固废处理单元，对其进行减量化处理，降低危废处置费用等运行成本。

（4）热量充分利用：废气、固废焚烧过程产生的热量，用于废水处理系统的保温，实现焚烧热量的综合利用，降低废水处理单元保温成本。

2.第二个问题的提示

在大城市中开放的自然保护地较易受到人为因素干扰，如果想要更有效地保护其中的濒危物种，需要协调好人与保护地之间的关系。首先要有针对保护地的政策、法规，并能落实下去。这需要政府机构来提供保障，并在城市中做好宣传、教育工作。而政策、法规的制定，离不开科学的指导，这需要了解保护地内濒危物种生活习性的科学家参与。在日常管理中，也需要科学家参与进来，给予科学的宣传和指导。政策、法规的宣传、落实情况，需要人民的监督与参与，民间环保组织在其中发挥着重要作用。而附近的居民了解保护区的情况，在管理中可以提供较多帮助。因此，自然保护地的有效管理，离不开政府机构、科学家、附近的居民及民间环保组织。如果能将他们结合起来，充分发挥各自的优势，大城市中的自然保护地一定能得到更好的管理。

留住大地的生机

1.第一个问题的提示

风力发电是利用风力带动风车叶片旋转，通过增速机将旋转的速度提升，促使发电机发电。风力是可再生绿色能源，没有燃料问题，不会造成环境污染。风力涡轮机风叶巨大，有些甚至超过100米长，远程线速度非常惊人，达到每小时200多公里。风叶扫过的面积比足球场大，造成周围气流的紊流，鸟类和蝙蝠很难逃脱它，给野生动物带来生命威胁。一方面，人类需要清洁能源；另一方面，我们也需要保护野生动物，保护生物多样性。在追求可持续发展的过程中，似乎没有完美的方式来实现可持续发展，但是凡事不能一刀切。风力发电肯定会对生态产生影响。然而，在大多数情况下，这种影响可以得到改善。例如，有人提出采用不同的配色和设计，使叶轮旋转形成鹰眼图案，让鸟类和蝙蝠避开叶轮，降低撞击死亡率。为降低风叶对鸟类和蝙蝠的伤害，人们应该想更多办法，只要把损失和损害降到最低，技术就可以长期发展，这符合可持续发展的初衷。

2.第二个问题的提示

略。

贵州土地治理之道

提示

从2017年至2021年，贵州省内先后有9个县（市、区）被中华人民共和国生态环境部授予"国家生态文明建设示范市县"的荣誉称号。

2017年，贵州省贵阳市观山湖区、遵义市汇川区荣获"第一批国家生态文明建设示范市县"称号。

2018年，贵州省遵义市仁怀市荣获"第二批国家生态文明建设示范市县"称号。

2019年，贵州省贵阳市花溪区、遵义市正安县荣获"第三批国家生态文明建设示范市县"称号。

2020年，贵州省遵义市红花岗区、遵义市凤冈县、遵义市习水县荣获"第四批国家生态文明建设示范市县"称号。

2021年，贵州省遵义市绥阳县荣获"第五批国家生态文明建设示范市县"称号。

八、教学设计案例

脆弱的自然栖息地

（一）教材分析

《脆弱的自然栖息地》通过对森林、草原、湿地三个典型的陆地生态系统的分类、功能、消退情况及消退后果的阐述，揭示了自然栖息地的有限与脆弱。通过对森林、草原、湿地生态价值的说明，凸显了生态产品的重要性，旨在引导学生除了关注良好的生态环境所能提供的物质财富和精神财富，更要关注其长远的生态效益，形成生态文明素养。

（二）学情分析

本节课的授课对象是高二年级的学生，学生在小学、初中阶段已学习过生态系统相关知识，对森林、草原、湿地等生态系统有一定了解。倘若单独引导学生阅读教材，获取生态文明知识，会稍显乏味。故本节课采用"先考后学"的方式，引导学生利用所学知识先解决一部分问题，再阅读教材，结合实际，将问题的答案补充完整，让学生明确哪些知识是新学到的，有助于在原有的基础上，提高生态文明素养。

（三）教学目标

（1）通过增加对森林、草原、湿地等生态系统消退情况及消退后果的了解，明确自然栖息地的有限与脆弱，认识到生态系统维持稳态与平衡的能力是有限的，不断形成"尊重自然、顺应自然、保护自然"的生态观念。

（2）通过对自然栖息地消退现状的认识，思考导致土地资源有限的原因及解决途径，了解环境问题、资源问题的复杂性，不断形成人地协调观。

（3）通过对森林、草原、湿地生态价值的了解，说明生态效益的重要性。认同在社会主义现代化建设中，要提供更多优质的生态产品，以满足人民日益增长的对优美生态环境的需要。坚定建设美丽中国的决心。

（四）教学重点、难点

1.教学重点

（1）森林、草原、湿地等生态系统的功能、消退情况及消退后果。
（2）生态产品及其重要价值。

2.教学难点

生态产品及其重要价值。

（五）教学策略

①讲授法；②小组讨论法；③VIPP教学法。

（六）教学过程

学习任务	教师活动	学生活动	设计意图
新课导入	【展示】 　　播放视频《〈科学史上的彩蛋〉第三期"生物圈二号"》。生物圈指的是地球上所有生态系统的统合整体。"生物圈二号"顾名思义就是模拟地球生态的	观看视频，了解"生物圈二号"的建立目的、过程、实验结果及意义。 　　造"生物圈二号"有两个动机。第一，人类如果要移民到外星去，外星的生态显然是不	引导学生认同地球是人类现今唯一的家园。

续表

学习任务	教师活动	学生活动	设计意图
	人工系统，简单来说就是复制地球，外号"高仿地球"。"生物圈二号"里面放进了五大生态系统——雨林、海洋、荒漠、草原和沼泽，同时还有农业区和居住区，有3000多种动植物和1000多种微生物。接下来，八位科学家走进了这个人造地球里面。 　　八位科学家怎么生活？开始的构想是这样：氧气由植物来提供，水循环利用，能源是太阳能，粮食由自己种，肉类来源于饲养家畜，里面还有电话可以跟外面联系，还可以看电影、电视。 　　但是好景不长，问题接踵而至。第一个问题：粮食短缺。耕作技术上的欠缺导致九种农作物死掉了，加上大片的庄稼被害虫所吞噬，食物不足。第二个问题：环境失控。沙漠变成了丛林和草地。牵牛花长得太茂盛了，遮天蔽日，导致其他	适合我们生存的，人类得复制一个地球的生态带过去，于是"生物圈二号"就是一个移民外星的生活试验基地。第二，要是有一天地球文明遭到了毁灭，那么"生物圈二号"就可以成为人类的庇护所。 　　"生物圈二号"实验及第二轮实验的失败反映了我们对地球认知的不充分。地球经历了几十亿年的演变才成为今天的样子，我们已有的认知无法打造出一个适合人类生存的空间，未来有可能会出现生物圈三号、四号、五号，但走得太快，也应该停下来看看脚下的土地，时刻记得我们只有一个地球。	引导学生了解地球栖息地的概况，以及人类及其他生命对自然栖息地的依赖。

续表

学习任务	教师活动	学生活动	设计意图
	植物吸收阳光匮乏，授粉的昆虫也大量死亡。第三个问题：氧气含量下降。"生物圈二号"实验开始后，氧气含量就一直往下走，从20.51%降至后来最低时的14.5%，相当于地球上海拔4000米高处的氧气含量。还有第四个更严重的问题在摧残着他们——心理危机。实验到了后期，八位科学家分成了两派，陷入了严重的对立斗争当中。为什么他们会陷入这样的危机呢？这其实就是心理学所说的感觉剥夺现象。当有机体与外界环境刺激处于高度隔绝的特殊状态时，有机体容易出现身心失调。"生物圈二号"是一个封闭的环境，所有的设置都是一成不变的，再加上吃不饱，含氧量不足，整个项目在进行了两年后，这八个人几近崩溃，项目最终宣告失败。	思考并回答教师提出的问题，阅读教材P21第一、二段，了解生命栖息地的种类、价值及危机来源。 在地球上，生命的自然栖息地可简单分为陆域栖息地和水域栖息地。占地球面积约30%的陆地为人类提供了生存的空间及所需要的重要资源——食物、纤维、木材、燃料等。随着人口数量的增加，需要更多的陆地资源被开发以满足人类的需求。当越来越多的天然陆地资源被改造成农田、牧场、矿区或城市，生命赖以生存的栖息地将面临巨大威胁。	

续表

学习任务	教师活动	学生活动	设计意图
	【提问】 以人类目前的技术，地球的生态环境能完全复制，并维持稳定吗？ 如果不能"克隆地球"，那我们必须保护好唯一的家园。因为它面临的威胁越来越大，地球生灵的栖息地十分脆弱。		
消退的森林	【问题导学】 列举以下问题，引导学生思考，初步作答、交流展示。 （1）森林生态系统为人类提供了什么价值？举例说明什么是生态效益。 （2）森林分为哪些种类，其中哪种森林的价值最大？举例说明。 （3）森林生态系统被破坏的原因是什么？结果会怎样？ 组织学生阅读教材P$_{21\sim25}$"消退的森林"，补充以上问题的答案。	根据已有的知识和经验，小组内思考、交流、讨论，初步回答教师提出的问题。 阅读教材，补充回答问题： 森林生态系统为人类提供物质基础（木材、食用植物、经济植物、药材资源等）及生态效益（涵养水源、调节气候等）。 森林分为原始森林、次生林、人工林。其中原始森林价值最大，其物种丰富，净化空气能力强大，涵养水源能力强。	引导学生利用所学知识解决问题，并通过阅读教材，搜集信息，发现不足，完善知识框架。

续表

学习任务	教师活动	学生活动	设计意图
	【实例展示】 播放视频《15头大象到底为什么集体北迁？我去了趟云南寻找答案》，让学生了解因自然栖息地被破坏而造成的生态问题。 2021年，云南15头大象集体北迁的新闻引起了一场全民追剧狂欢。 西双版纳拥有全国最大的热带雨林，也是中国野生亚洲象仅存的三个栖息地之一。1958年云南省政府在此划定了自然保护区，进行封闭式管理。 得益于严格的自然保护区措施和配套的护林员巡护机制，西双版纳野生亚洲象的数量从70年代的100头左右稳步增长到目前的300多头。 但问题也随之而来。一头成年象每天需要取食150公斤以上，这远远超过了当地环境可以承载的容量，填不饱肚子的大象就只能走远一点。	森林生态系统被破坏的根本原因是贫困人口增长，直接原因是过度迁移农业、商业性伐木等，结果是造成水土流失、山体滑坡等。 观看视频，了解云南大象北迁背后的原因，思考自然栖息地对野生动物的重要性，思考当地的政策在缓解"人象矛盾"中所起的作用。试图站在长期发展的角度，理解当地政府的治理措施。 当地人工种植十种作物，而大象吃的有两三百种以上，种类丰富的食源才能保证大象获取更丰富的营养。以前的山地民族主要的耕作方式是轮耕轮歇，刀耕火种，耕种上几年之后，土地的肥力逐渐下降，他们就把这片土地放弃了，到另外一片土地去开荒再耕种，原来放弃的这片土地就会天然地	启发学生认同自然栖息地对动植物的重要性，了解"人象矛盾"的复杂性。

续表

学习任务	教师活动	学生活动	设计意图
	除了大象数量增多，当地原始森林减少也是大象北迁的一大原因。由于种植的庄稼会被大象取食或踩踏，其他经济来源又有限，从2005年起，当地开始大面积种植大象不吃的橡胶。 　　大象的食源进一步减少，越没有东西吃就越容易进入人类居住范围引起冲突，越引起冲突，没有收入的农民就越"投奔"橡胶树，越来越多的橡胶树挤占越来越多的热带雨林，大象就越往外扩散。 　　破局的办法是什么？首先是弥补农民的损失，缓解人象冲突带来的经济影响。其次，当地政府和民间力量也在尝试推动大象食堂的建设。当地成立了西双版纳州热带雨林保护基金会，把一些以前被老百姓蚕食的土地变成大象的食堂，给大象种吃的，然后通过基金会募集的资金给老百姓支付每亩800块钱的费用。	长出很多种禾本科植物，这些植物是野生动物喜欢吃的。当地保护区尝试着恢复这种轮耕轮歇的方式，让老百姓种3年，然后撂荒，在撂荒的这两年内老百姓不用做任何事情，基金会给每亩300块钱的补贴费用，保证农民基本的收入。	

续表

学习任务	教师活动	学生活动	设计意图
消失的草原	【过渡】 　　陆地自然栖息地中，原始森林退化是典型的栖息地退化。由于人口增长带来巨大的环境压力，人类势必会与其他动植物争夺生存空间。这种争夺在草原中也在进行。		
	【问题导学】 　　列举以下问题，引导学生先思考，再带着问题阅读教材P₂₅~₂₇"消失的草原"。 　　（1）草原有哪些类型？有什么价值？ 　　（2）草原生态系统正受到什么威胁？有什么后果？	阅读教材，找到答案： 　　（1）草原分为热带草原、温带草原等；草原能进行光合作用制造有机物供动物、微生物利用，吸收温室气体，调节气候，保持水土。 　　（2）大面积草原被改造为农田、牧场，水资源被不合理开采，导致草原退化，不断荒漠化。	引导学生关注草原的价值，关心草原面临的威胁。
其他受威胁的栖息地	【过渡】 　　除了森林、草原的退化，其他自然栖息地——比如湿地，也受人类活动影响，这威胁着栖居在湿地中的动植物，或间接依赖湿地的生物。		
	【问题导学】 　　呈现以下问题，引导学生先思考，再带着问题阅读教材P₂₇~₂₉"其他受威胁的栖息地"。 　　湿地有哪些类型？有什么功能？	阅读教材，找到答案： 　　常见的湿地有沼泽地、泥炭地、海滩、水稻田、池塘等；湿地为多种生物提供了栖息地，能减缓、净化水流，蓄水、透水，调节区域气候等。	增加学生对湿地生态价值的了解。

续表

学习任务	教师活动	学生活动	设计意图
	【交流分享】 组织学生分享自己的家乡有哪些生态系统属于湿地生态系统，介绍这些湿地为当地百姓的生活提供了什么价值。	举例介绍，在同学之间分享，来自同一地区的同学相互补充。	
有限的土地资源	【过渡】 通过占用森林、草原、湿地等陆地自然栖息地，人类得到了更多耕地、牧场、居住空间等。倘若人类对土地资源的占有、利用无限加大，人地矛盾将会不断加剧。		
	【问题导学】 呈现以下问题，引导学生先思考，再带着问题阅读教材P$_{29\sim31}$"有限的土地资源"。 （1）人类能从土地中获得哪些资源？这些资源是无限的吗？ （2）哪些因素导致人类对土地资源的利用量增加了？这将带来什么后果？	阅读教材，找到答案： （1）土地为人类提供空间、食物、药材、能源物质等资源。土地资源是有限的。 （2）人口增长导致人类对土地资源的利用量增加。产生的后果：对土地资源、能源的利用增加，同时产生的垃圾等废弃物也增加，将占用更多土地与能源来处理废弃物，并造成环境污染。	促进学生认识土地资源的有限性。

续表

学习任务	教师活动	学生活动	设计意图
	【过渡】 长久以来，人类往往更看重从自然界获得的有形资源，如食物、矿产、能源等，对无形的资源认识得并不多，直到它们变得稀缺，并影响到人类的生存与发展，才认识到它们的重要性及有限性。		
资源利用与生态文明	【问题导学】 呈现以下问题，引导学生先思考，再带着问题阅读教材P₃₁"资源利用与生态文明"。 （1）什么是生态产品？ （2）为什么人类现在对生态产品如此重视？	阅读教材，找到答案： （1）在良好的生态环境下形成的生态产物，如清新的空气、清洁的水源、适宜的气候、舒适的环境等，都是生态产品。 （2）一方面，人类的健康生活离不开良好的生态环境； 另一方面，生态环境恶化，清新空气、清洁水源、舒适环境变得越来越稀缺，影响到人类的正常生活。	增加学生对生态产品的了解，培养学生以发展的眼光看待人类与土地资源的关系。
小结	森林、草原、湿地等陆地自然栖息地，既为人类提供了空间、食物、药材、矿产、能源等有形资源，也净化了空气，涵养并净化了水源，还调节气候，为人类提供舒适的环境，其生态价值更值得重视。习近平总书记说："绿水青山就是金山银山。"然而，人类活动侵占、消耗了大量的土地资源，产生的废弃物又进一步污染土地，让有限的土地资源越来越紧缺。我们必须遵循自然发展的规律，走生态文明发展之路，建设望得见山、看得见水、记得住乡愁的美丽中国。		

城市与自然共生

（一）教材分析

《城市与自然共生》一方面讲述了农耕文明对自然环境的改变，让学生客观审视传统"田园牧歌"式的生活方式给环境带来的压力；另一方面介绍了工业文明中诞生的现代城市给人们生活带来的福利，城市生态系统对化石燃料过度依赖、对农耕土地加速占用所引发的人地矛盾，以及高密度的城市生活、生产方式带来的环境污染，呼吁学生关注城市发展中存在的问题。而后，介绍了城市中的森林、绿地的生态价值，以及城市中的野生动物生存所面临的威胁，让学生意识到人类并不是城市中唯一的生灵，各种生物和谐共处的美丽城市，才是健康、宜居的城市。启发学生思考人类自身在城市建设中应担当的角色，增强学生尊重自然、顺应自然、保护自然的意识。

（二）学情分析

本节课的授课对象是高二年级的学生，学生在第一章已经学习过工业文明的危机，对现代城市发展中存在的问题有较多认识。在教学中，教师需要引导学生理论联系实际，思考传统的农业生产方式存在的弊端，以及城市发展的代价。

（三）教学目标

（1）通过对现代城市发展中存在的问题的思考，明确人类在城市生态系统中所扮演的角色，形成生命的系统观，认同人类社会与生态环境构成一个系统，人类的生存与发展离不开良好、稳定的生态环境。

（2）阐述城市中森林、绿地的生态价值，列举其他生物的生境现状，说出人类在健康的城市发展中应当发挥的作用。

（3）通过对传统农业生产方式带来的环境压力，以及城市发展的代价的思考，树立绿色发展的意识，坚持尊重自然、顺应自然、保护自然。

（四）教学重点、难点

1.教学重点

（1）传统农业生产方式带来的环境压力，以及现代城市发展带来的环境危机。

（2）城市中森林、绿地的生态价值，列举其他生物的生境现状，人类在健康的城市发展中应当发挥的作用。

2.教学难点

城市中森林、绿地的生态价值，列举其他生物的生境现状，人类在健康的城市发展中应当发挥的作用。

（五）教学策略

①讲授法；②VIPP教学法。

（六）教学过程

学习任务	教师活动	学生活动	设计意图
新课导入	【展示】 城市是怎样诞生的？播放视频《城市化的过程：城市化与未来的城市》。 在人类初期，人是靠打猎和摘果子生存，四处游荡觅食。但是大约一万年前，我们的祖先开始掌握了饲养动物的秘密和早期农耕技术。人类首次开始生产食物，而不再简单寻找食物了。由此，人类历史首次出现了半固定村落。 之所以是半固定，是由于那时候土地用了几年就会贫瘠，每隔几年村子就得搬家。大概五千年前，灌溉和犁地等技术的出现给人类带来了长期稳定的食物，人类终于可以长期定居了。技术带来了食物的盈余，不务农耕的人就开始开发别的行业，进而产生城市。工业革命时期，新技术的大量采用促进了城市的发展和资源整合，建立了警察局、消防局和卫生健康委员会等机构，修建了交通网，又有了电力供应。现代城市开始蓬勃发展。	观看视频，了解人类历史上城市的诞生过程，了解城市人口增加的原因： 因为城市制造了盈余的食物、工具、艺术品等各种商品，自然就产生了商业，以及远距离之间的贸易往来。贸易的繁荣，又促使技术突飞猛进，比如，轮车、轮船、道路，还有港口。当然，这些又需要人力修建和维护，更多的工作机会引发更多的人离开农村来到城市。公元前两千年，有些城市人口密度是上海和加尔各答的两倍。人口过密的原因之一是交通不发达，大家都是靠走路，所以就近才方便。另外，干净的水源也有限。	从历史发展的角度，让学生知道城市化是人类发展的必然进程。

续表

学习任务	教师活动	学生活动	设计意图
农耕文明对自然环境的改变	【过渡】 　　农业革命和工业革命都标志着人类技术的进步，但是二者都会影响自然环境。即便是传统"田园牧歌"式的生活方式，也会带来生态危机。		
	【提问】 　　农民种地也会破坏自然环境吗？如果会，是如何破坏的？结果怎样？ 　　组织学生阅读教材P₃₂～₃₃"农耕文明对自然环境的改变"，明确刀耕火种对原始森林的影响，以及密集型农业与水土流失的关系。	阅读教材，结合视频中的内容，进一步认识农耕文明给土地带来的破坏： 　　刀耕火种：毁林开荒→耕作→土地肥力减退→弃耕→换一片林地毁林开荒，不断破坏原始森林。 　　密集型农业：犁地使土壤变松，暴露在外的土壤受雨水冲刷，导致土壤流失。	通过"问题→思考→求证"的过程来引导学生学习，促进学生思考，形成理性思维方式。
	【点拨】 　　农耕文明时期，由于社会生产力低下，人口数量不多，人类对自然资源的需求有限，对自然资源与生态环境的改变较小。		
	【过渡】 　　农业的发展使物资和财富得到积累，为文明发展奠定了坚实基础。工业革命进一步促进生产，人类的生产、生活方式再次发生改变。在工业文明中诞生的现代城市，以更快的速度改变着大地的面貌。		

续表

学习任务	教师活动	学生活动	设计意图
工业文明中诞生的现代城市	【提问】 　　城市生活给人们带来很多便利,如交通、教育、医疗、娱乐消费等。今天的城市生活更加智能、便捷。与此同时,现代城市生态系统的运转和发展,需要源源不断的物质、能量输入,这将带来哪些问题? 　　组织学生阅读教材P$_{33～34}$"工业文明中诞生的现代城市",了解现代城市给环境带来的污染,以及城市扩张过程中的人地矛盾。	从生态系统物质循环、能量流动的角度思考城市生态系统的运转过程。阅读教材,认识现代城市发展存在的问题: 　　(1)对化石燃料的利用量大。 　　(2)产生的废弃物多,污染环境。 　　(3)人口增长较快,对农业用地的侵占速度快,人地矛盾加剧。	启发学生客观审视习以为常的生活方式,重新思考人类与城市、城市与自然的关系。
城市中的自然生境	【过渡】 　　从万木争荣,到良田万顷,而后高楼崛起。现代城市大幅度改变了大地的面貌,也改变了人类及其他生物的生活方式。即便绝大多数物质和能量要靠外界供给,城市中有限的那一抹绿依然滋养着人类及其他生灵。 【提问】 　　生境是指物种或物种群体赖以生存的生态环境。在城市中,森林、绿地等自然生境有什么价值?城市中的生物,除了人类,还有哪些(请从生态系统的组成成分的角度列举说明)?这些生物对城市来说有必	带着问题阅读教材,了解城市中的自然生境对人类及其他生物的重要意义,明确人类活动对其他生物的影响。 　　城市中的森林和绿地,通过对降水的截留、吸收和储存,增加了可用水资源,并净化了水质。森林能有效降低城市和田	增加对城市中其他生物的了解,明白城市中自然生境的重要性,改变以人类自我为中心的观念,增进人类

续表

学习任务	教师活动	学生活动	设计意图
	要存在吗？人类活动对它们有什么影响？ 　　组织学生阅读教材P₃₄~₃₇"城市中的自然生境"，了解城市生态系统中森林、绿地及各种动物存在的价值，明确人类活动对自然生境的影响，以及生境改变对动植物生存带来的威胁。 　　**【点拨】** 　　从生态系统的组成成分看，城市中的生物部分应包含生产者、消费者、分解者。生产者有绿色植物，消费者有人类及其饲养的宠物和野生动物，分解者有细菌、真菌，极少部分动物。 　　丰富的物种增加了城市的生机，为城市生态增添了活力。更重要的是，多种多样的生物使城市具有一定的自我调节能力，保证了城市生态系统的稳定性。	间的风速，减少地面蒸发，增加空气湿度，调节空气温度，保障了适宜的气候。此外，森林和绿地等自然栖息地还为人类提供了重要的休闲和娱乐场所，为野生动物提供了栖息地。 　　由于人类活动的干扰，城市野生动物面临很大威胁。纵横交错的道路将不同城市区域生活的小型陆生动物的栖息地分割成一个个孤岛，碎片化的生境使它们的种群彼此隔离、逐渐消亡。	与其他生物之间的和谐共处。

续表

学习任务	教师活动	学生活动	设计意图
	【过渡】 　　良好的自然生境对城市的健康发展有重要意义。即便城市的正常运转对人类的依赖性很大，它也不仅仅属于人类，人类只是城市生态系统中的一个组成成分。只有遵循自然规律，走绿色发展道路，才能建设健康的城市，才能让人类文明在良好的生态环境中永续发展。		
健康的城市生态系统	【提问】 　　工业文明中诞生的现代城市存在较多问题，不符合可持续发展的要求。那么，健康的城市生态系统要满足哪些条件？如何才能满足这些条件呢？ 　　组织学生阅读教材 P$_{37\sim39}$ "健康的城市生态系统"，寻找以上问题的答案。 　　【点拨】 　　从生态系统的功能来看，城市生态系统中人类对物质和能量的利用强度较大，需要大量的投入，因此，对环境资源的消耗较大，难以维持或恢复自身结构与功能处于相对平衡状态。若要维持城市生态系统的稳定，城市中的人们对物质和能量的利用量必须控制在一定限度，也就是说，人类对环境资源的要求要合理，不能向环境无限索取。	带着问题阅读教材，思考如何建设健康的城市生态系统。 　　健康的城市生态系统既要满足人类社会的合理要求，又要满足生态系统本身的自我恢复与维持。这就要求城市生态系统结构合理，城市生态系统内生产生活和周围环境之间的物质和能量交换形成良性循环。 　　要构建健康的城市生态系统，就要推动形成绿色发展方式和生活方式，坚持尊重自然、顺应自然、保护自然，以资源环境承载能力为基础，明确生态环境资源的底线，遵循自然规律、城市发展规律。	明确人类自身在城市建设中的作用，增强建设绿色城市的使命感。

续表

学习任务	教师活动	学生活动	设计意图
小结	刀耕火种会破坏原始森林，密集型农业会导致水土流失，但由于农耕文明时期的社会生产力低下，人口数量不多，人类对自然资源的需求有限，对自然环境的改变较小。工业革命后诞生的现代城市给人类带来较多福利，但对环境资源的利用程度高，产生的废弃物多，带来的环境问题较为严重。城市中良好的自然生境可为人类及其他生物的健康生活提供保障。建设健康的城市生态系统，要求我们遵循自然规律及城市发展规律，坚持绿色发展方式和生活方式。		

留住大地的生机

（一）教材分析

《留住大地的生机》讲述了所谓大地的生机，不在于人类的生活质量有多高，而在于人类与其他生灵和谐共存，更在于由多种基因、物种和生态系统构成的地球生命系统持续而长久的良性发展，在于生物多样性保障下有"弹性"的生命之网。生物多样性是生物圈维持稳定的基础。本节内容详细介绍了生物多样性的形成、分类、影响因素、价值（功能）、面临的威胁及保护措施，对学生全面了解生物多样性、形成整体性思维有较大帮助。

（二）学情分析

本节课的授课对象是高二年级的学生，学生经过初中阶段的学习，并通过电视、网络媒体等对生物多样性有了初步认识，但不知道具体的分类及其价值。在日常学习和生活中也接触过自然保护区，但对身边的自然保护区缺乏了解，对建立自然保护区的意义也缺少认识。在教学中，教师要充分利用问题引导学生阅读教材，让学生明确学习目标。适当补充实例，辅助学生理解生物多样性的重要性。

（三）教学目标

（1）通过对生物多样性形成过程的了解，认同生命的物质性，知道大自然的富饶与平衡是地球生命长期演化的结果。

（2）通过对生物多样性分类及其价值（功能）的学习，知道不同层次的生物多样性对维持生态平衡的重要意义，对人类发展的重要意义。形成尊重自然、顺应自然、保护自然的生态文明观念。

（3）充分认识人类活动给生物多样性带来的威胁，明确人类当前保护生物多样性的迫切性，强化"生态兴则文明兴"的生态文明思想，增强保护生物多样性的使命感。

4.通过对生物多样性保护措施的学习，增强保护意识与能力，结合家乡实际，从自身情况出发，将保护自然落到实处。

（四）教学重点、难点

1.教学重点

（1）生物多样性的分类及其价值。

（2）生物多样性面临的威胁及保护措施。

2.教学难点

生物多样性的分类及其价值。

（五）教学策略

①讲授法；②小组讨论法；③ VIPP 教学法。

（六）教学过程

学习任务	教师活动	学生活动	设计意图
新课导入	【展示】 播放视频《2020年联合国生物多样性大会（昆明）主题宣传片》。让学生在精美而灵动的画面中体会生命的魅力，引导学生关注生物多样性。生物多样性是人类赖以生存和发展的基础，是地球生命共同体的血脉和根基。大自然正在不断警示我们，必须认真思考人与自然的关系，我们要像保护眼睛一样保护生态环境。 以自然之道，养万物之生。中华文明历来崇尚"天人合一"，追求人与自然和谐共生。中国坚持走生态优先绿色发展道路。在发展中保护，在保护中发展，为全球生物多样性保护积极贡献中国智慧和中国力量： 中国各类自然保护地有1.18万个；中国森林资源增长面积居世界首位；有效保护的植被类型和陆地生态系统类型达90%；有效保护的重点保护野生动物类群达85%；中国生物遗传资源收集保藏量居世界前列。	观看视频，感受大自然的美，了解我国生物多样性保护的决心与成果，增强保护生物多样性的意识，留住大地的生机。	用大自然的美去感染学生，引导其关注并保护生物多样性。

续表

学习任务	教师活动	学生活动	设计意图
	山积而高，泽积而长。人与自然是命运共同体。尊重自然、顺应自然、保护自然。生态兴则文明兴。携手出发，同心协力，共建万物和谐的美丽世界。		
生命的保障——生物多样性	【过渡】 地球是迄今为止人类已知的唯一能庇护生命的星球。生命进化了几十亿年，与地球环境相互作用，共同演化，形成了独特的生命系统——生物圈。这个生命系统的和谐与稳定，离不开生物多样性。只有保护生物多样性，才能留住大地的生机。		
	【问题导学】 列举以下问题，引导学生带着问题阅读教材$P_{41\sim43}$"生命的保障——生物多样性"。 （1）生物多样性是怎样形成的？ （2）生物多样性包括哪些方面？分别有什么含义？ （3）哪些自然因素会对生物多样性造成影响？举例说明。 教师点评学生的回答，并适当总结。	思考教师列举的问题，阅读教材，找到答案： （1）生物多样性是进化形成的：有机化合物→单细胞生物→多细胞生物→生物多样性。 （2）生物多样性具体内涵： ①生态系统多样性：不同生物群落与其自然环境的相互作用。 ②物种多样性：地球上形形色色的物种构成物种多样性。 ③遗传（基因）多样性：同种生物同一种群内不同个体之间，或地理上隔离的种群之间遗传信息的不同。	引导学生带着问题阅读教材，了解生物多样性的分类及含义，培养学生获取信息、提炼信息、概括表达的能力。

续表

学习任务	教师活动	学生活动	设计意图
		（3）气候、地质时间、地形、栖息地范围、温度、降水等因素会对生物多样性造成影响。如在陆地生态系统中，生物多样性一般随纬度升高（温度降低）而降低；在水生生态系统中，越靠近热带，物种越丰富。	
生物多样性与人类发展	【过渡】 　　人类作为生物圈的一个组成成分（消费者），衣、食、住、行等都离不开运转良好的生态系统。从人类的自然属性来看，不管科学技术有多发达，都需要从生物多样性中源源不断地获取物质和能量。因此，人类过去、现在乃至未来的发展，都以生物多样性为基础。		
	【问题导学】 　　列举以下问题，引导学生先思考，再带着问题阅读教材P₄₃~₄₄"生物多样性与人类发展"。 　　（1）生物多样性有哪些方面的价值？举例说明。	带着教师列出的问题，阅读教材寻找答案： 　　（1）生物多样性的价值有： 　　①直接价值，如粮食、蔬果、豆类、毛皮、医药等； 　　②生态服务功能（间接价值），如调节气候，净化水源，净化空气等； 　　③潜在价值，即有待开发的，尚不为人所知的价值。	让学生带着问题去阅读教材，提高阅读效率。

续表

学习任务	教师活动	学生活动	设计意图
	（2）生物多样性与人类文化有什么关系？对现代文明的发展有何意义？ 　　待学生阅读教材后，组织学生讨论并回答以上问题。教师点评学生的回答，并适当总结。 【展示】 　　播放视频《生物多样性为何重要》。阐述生物多样性的价值，在面对变化时，是什么决定了一个生态系统的优胜劣汰。 　　这个问题的答案，在很大程度上来说，是生物多样性。生物多样性由三种息息相关的特征组成：生态系统多样性、物种多样性和基因多样性。这三种特征之间联系得越紧密，生态这张网就会越密集，并且自我调节能力越强。 　　例如亚马孙雨林是地球上生物多样性最丰富的地区之一。它具有复杂的生态系统，大量混杂的物种，并且这些物种的	（2）生物多样性是人类文化多样性的基础。人类利用遗传多样性培育出具有良好性状和高产量的农作物品种，解决了粮食问题，为现代文明的发展奠定了坚实基础。	视听结合，激发学生兴趣。

续表

学习任务	教师活动	学生活动	设计意图
	遗传基因十分多样。缠绕在树上的藤蔓从丛林地面向树冠攀爬，与树梢和正在不断成长，从而支撑耸立的大树的粗壮树干缠绕在一起。在藤蔓的帮助下，树林为食草动物提供种子、水果和叶子作为食物。这些动物，如貘和刺豚鼠，又将种子散播到丛林内外，这样丛林才会成长。剩下的会被数不尽的昆虫吃掉，营养物质会被分解和循环，将土壤变得更肥沃。雨林这个大系统包含了很多这样的小系统，每个小系中不同物种紧密相连。 　　这些联系一环扣一环，不断强化着生物多样性网络。这个网也通过单个物种内的遗传多样性而进一步增强，这种多样性能让它们更好地应对改变。每当一个物种由于自身脆弱的基因库而消失时，食物网的一环解扣，某些部分的联系也随之分裂。但多样的物种、遗传的多	观看视频，以热带雨林和珊瑚礁为例，认同生物多样性的重要性。 　　生态系统多样性、物种多样性和遗传多样性一同组成了生物多样性这个复杂的网络。这个网络是地球生物存活的关键。我们人类也在这个生物多样性网络中。即使只少了网上的几根线，我们的安康也会受到威胁。切断太多的联系时，将有全军覆没的风险。未来发生的事不可预见，但是生物多样性可以给我们"上个保险"。	用实例说明生物多样性的价值，培养学生的循证思维。

续表

学习任务	教师活动	学生活动	设计意图
	样性和生态系统的复杂性形成了生物多样性如此丰富的雨林。单个物种的消失并不能使之瓦解。自愈能力使丛林可以适应这种变化。 【启发、总结】 物种丰富度越高（种类越丰富）→食物网营养结构越复杂→（当受到外界因素干扰时）生态系统自我调节能力越强→生态系统的稳定性越高。		
生物多样性面临的威胁	【过渡】 生物多样性为人类的发展奠定了基础，但人类长久以来将其视为理所当然，无节制地向自然索取，一步步威胁着生物多样性。 【问题导学】 列举以下问题，引导学生阅读教材P₄₄~₄₆"生物多样性面临的威胁"： （1）地球历史上的前五次物种大灭绝，是否彻底破坏了生物多样性？为什么？ （2）人类活动给生物多样性带来哪些威胁？	带着教师列出的问题阅读教材，思考各种威胁之间的联系，在教师引导下概括总结，找到答案： （1）没有彻底破坏生物多样性。因为新物种的诞生将会补充灭绝物种留下的空间，灭绝与新生能达到平衡。	引导学生站在历史发展的角度，认识生物多样性对人类文明的重要意义。

续表

学习任务	教师活动	学生活动	设计意图
	教师点评学生的回答，引导学生总结。	（2）人类活动给生物多样性带来的威胁：废气、塑料垃圾、石油泄漏、废水等造成环境污染；森林、草原、河流消失，农田、城市、公路出现，同一物种的种群相互分离，形成孤岛，直至灭绝；物种入侵、被人类驯化后的物种流浪会影响自然界原生物种的种群，非法野生动植物贸易给许多濒危物种造成致命的打击。	引导学生分析、概括，提高整体性思维能力。
生物多样性的保护	**【过渡】** 　　工业革命以来，由于人口数量激增，人类活动产生的干扰超过了生态系统的自我调节能力，生物多样性受到的种种威胁正逐渐反噬人类。从人类长远发展的角度出发，必须及时采取有力措施，在发展中保护，在保护中发展，保护生物多样性。		
	【问题导学】 　　列举以下问题，引导学生阅读教材P$_{46\sim49}$"生物多样性的保护"： 　　（1）保护生物多样性最有效的手段是什么？为什么？ 　　（2）IUCN将保护地分为哪些类型？	带着问题阅读教材，思考回答问题。 　　（1）保护生物多样性最有效的手段是建立保护地。因为对于大多数物种而言，它们所栖居的环境是特异的、局限性的。	引导学生重视对自然栖息地的保护。

续表

学习任务	教师活动	学生活动	设计意图
	（3）你的家乡有哪些自然保护区？向同学们介绍一下保护区内的濒危种、稀有种、关键种或旗舰种。 （4）你能为保护地球生物多样性做些什么？ 组织学生小组讨论，回答问题（3）和（4）。	（2）IUCN将保护地分为严格的自然保护地和荒野保护地、国家公园、自然遗迹、陆地和海洋景观保护地、栖息地/物种保护地、自然资源保护地。 （3）略。 （4）合理利用自然资源，"取之有时，用之有度"，垃圾分类，资源回收利用，自觉抵制非法野生动植物制品等。	关注家乡、关心家乡、热爱家乡、保护家乡，培养家国情怀。 理论指导实践，提高保护意识与能力。
小结	生物多样性包含生态系统多样性、物种多样性和遗传（基因）多样性。三种多样性交织成网，维持了生物圈的相对稳定，也为人类发展源源不断地提供粮食、蔬果、豆类、毛皮、医药等直接价值，调节气候、净化水源、净化空气等生态服务功能（间接价值），以及尚不为人类所知的潜在价值。然而，人类活动不断威胁着生物多样性。只有走生态文明发展道路，在发展中保护，在保护中发展，才能保护生物多样性。完善野生动植物保护法，建立自然保护地等是从大局着手的举措。合理利用自然资源，积极进行资源分类回收，自觉抵制非法野生动植物制品等，是落实到每个人的生态文明善举。		

贵州土地治理之道

（一）教材分析

贵州省历来背负着"天无三日晴，地无三尺平，人无三分银"的评价。作为全国唯一没有平原的省份，交通不便和生态环境脆弱严重制约了贵州的发展。《贵州土地治理之道》介绍了喀斯特地貌以及喀斯特地貌上石漠化的形成过程，呼吁学生关注石漠化治理，关注家乡绿水青山建设，引导学生学习并遵守家乡生态文明建设的政策和法规。

（二）学情分析

学生在前面的章节学习了习近平生态文明思想及生物多样性的价值，进一步形成了"绿水青山就是金山银山"的生态观念。学生对贵州省生态文明建设的总体方向有了一定了解，但对我省当前面临的生态困境认识较少，见惯了在石头缝里种庄稼，习惯了"乱石旮旯地，牛都进不去；春耕一大坡，秋收几小箩"的艰难境地，却对传统的农业生产模式存在的问题缺乏认识。在教学中，教师要引导学生了解、反思自己身边不合理的农业生产方式，增强认识家乡、热爱家乡、保护家乡、建设家乡的责任感和使命感。

（三）教学目标

（1）学习喀斯特地貌上石漠化的形成过程，说出石漠化的影响因素，明确人类活动在石漠化进程中所发挥的作用，形成顺应自然的生态观念。

（2）关注贵州省的石漠化治理，关注家乡绿水青山建设，了解并遵守贵州省石漠化治理的相关政策法规。

（3）主动了解、反思自己身边不合理的农业生产方式，增强认识家乡、热爱家乡、保护家乡、建设家乡的责任感和使命感。

（四）教学重点、难点

1.教学重点

（1）石漠化的形成过程及影响因素。

（2）贵州省的石漠化治理措施。

2.教学难点

石漠化的形成过程及影响因素。

（五）教学策略

①讲授法；②VIPP教学法。

（六）教学过程

学习任务	教师活动	学生活动	设计意图
新课导入	【问题导学】 贵州作为中国唯一一个没有平原的省份，具有特殊的地貌类型——喀斯特地貌，且是中国喀斯特地貌分布面积最大的省份，那么喀斯特地貌是怎样形成的呢？	观看视频，阅读教材，了解喀斯特地貌的形成过程及分类，认识到喀斯特地貌是指地下水和地表水对可溶性岩石（主要是碳酸盐岩）溶蚀和改造所形成的地貌形态。感受大自然的力量，欣赏不同地貌的美。	从化学、地理学科角度了解喀斯特地貌，增强学生跨学科解决问题的意识。

续表

学习任务	教师活动	学生活动	设计意图
	【展示】 　播放视频《一个喀斯特地貌的科普小视频》。 【提问】 　什么是喀斯特地貌？喀斯特地貌可以分为哪几类？		
脆弱的贵州土地	【过渡】 　喀斯特地貌给我们带来很多绝美的风景。美轮美奂的地下溶洞，比如织金洞，连绵不断的秀美峰林，如兴义万峰林，为人类探险、休闲、旅游等提供了极佳的条件。然而，喀斯特地质地貌通常不适宜进行农业耕作，水土容易流失，生态较为脆弱。		
	【问题导学】 　组织学生阅读教材P₅₀～₅₁"脆弱的贵州土地"，进一步了解贵州土地存在的问题，并回答以下问题： 　（1）什么是石漠化？石漠化是怎样形成的？ 　（2）哪些因素导致贵州容易出现石漠化？举例说明。	（1）阅读教材，了解石漠化的概念及形成过程。认识到石漠化是在湿润、半湿润气候条件和喀斯特及其发育自然背景下，由于不合理的社会经济活动，造成土壤侵蚀、岩石逐渐裸露，地表呈现类似荒漠景观的演变过程与结果。 　（2）阅读教材，认识到导致贵州容易出现石漠化的自然因素和人为因素。	通过阅读、思考，增进对家乡地貌的了解，明确家乡发展所面临的困境。

续表

学习任务	教师活动	学生活动	设计意图
		自然因素：贵州的大部分峰丛和峰林土层浅薄，土壤肥力条件差，植被以灌丛为主，植被覆盖度较低。人为因素：大面积开垦土地，在不适宜耕种的坡地上种植农作物等。	
贵州的土地石漠化治理之道	**【过渡】** 　　贵州省贫困人口较多，且大多为农村人口。传统的农业生产模式对土壤的扰动较大，土壤松动后容易在雨水的冲刷下从岩石缝里漏失，或从地表流失，导致土层越来越薄，加快了石漠化进程。 　　石漠化被学术界称为"生态癌症"，是生态再生性几乎为零的喀斯特环境。"乱石旯旮地，牛都进不去；春耕一大坡，秋收几小箩。"虽说绿水青山就是金山银山，但石漠化让山坡难以绿起来。因此，治理石漠化是贵州建设生态文明的重要任务。		
	【展示】 　　播放视频：《贵州新闻联播贵州："见缝插绿"每年治理165万亩石漠化土地》。 　　播放视频：《贵州新闻联播花江：石漠化治理守住底线生态产业做出亮点》。	（1）通过观看视频，认识到贵州六盘水市、花江石漠化综合治理区分别采取了植树造林、调整农业产业结构，发展生态农业等措施来治理石漠化。	播放视频，吸引学生兴趣，同时引导学习贵州省的治理措施，加强对相关政策法规的理解与支持，提高保护自然的意识与能力。

续表

学习任务	教师活动	学生活动	设计意图
	贵州六盘水市组织民兵在梅花山石漠化地区坚持植树造林，"见缝插绿"，探索出了一系列绿化技术，让大片石山披上绿装。经过近20年的治理，花江石漠化治理综合示范区基本上遏制住了石漠化扩展趋势，科研人员与当地干部群众一道，不但在技术工程治理体系上探索出了经验，在生态产业发展上也做出了新亮点，通过种植花椒等农作物，不仅提高了农民的经济收入，更有效增加了植被覆盖度。 【提问】 （1）结合视频，谈谈贵州六盘水市和花江石漠化治理综合示范区分别采取了什么措施来治理石漠化？ （2）阅读教材P$_{51\sim52}$"贵州的土地石漠化治理之道"，除了上述措施，贵州还采取了哪些措施来治理石漠化？	（2）阅读教材，了解贵州土地石漠化治理的措施： 综合治理模式：植被恢复与生态重建、生态旅游开发等。 植树造林、退耕还林还草等生态恢复工程，不断完善森林生态效益补偿政策。 以法治和政策管理，遏制各类破坏生态的行为。 调整农业产业结构，发展生态农业。	

续表

学习任务	教师活动	学生活动	设计意图
	【过渡】 　　治理石漠化，保住水土之后，我们还要为山坡不断添绿，让山更青，水更绿。		
守护绿水青山	**【活动一】** 　　阅读教材P₅₂₋₅₄"守护绿水青山"，阐述贵州为守护绿水青山所制定的一些政策、法规，采取的方案、模式，开展的活动，以及取得的成果。	阅读教材，了解贵州为守护绿水青山制定的一些政策、法规，采取的方案、模式，开展的活动，以及取得的成果。	进一步了解贵州为守护绿水青山所采取的具体措施。
	【活动二】 　　组织学生介绍自己家乡的世界自然遗产，或在家乡开展的退耕模式、矿山生态修复等生态文明建设工作。	结合自己家乡的实际情况，理解并支持当地政府保护、建设绿水青山的措施，并在同学之间分享。	培养学生保护、宣传、热爱家乡的情感。
小结	简言之，贵州结合本省实际情况，秉持绿水青山就是金山银山的理念，坚持走绿色发展之路，采取退耕还林等措施来综合治理土地石漠化，让绿水青山变成一座座金山银山。		通过归纳总结，促进知识系统化、结构化。

第三章　珍爱生命源泉

生命源泉是什么？是水，地球上的生物都离不开水，水是人类文明的摇篮，人类依赖水发展了工业和农业。但随着人口数量的增长以及工业和农业的迅速发展，水资源正变成一种宝贵的稀缺资源。水环境面临哪些危机？海水遭遇了哪些污染？世界各国是如何治理严峻的水环境问题的？这些问题都需要在本章解决。

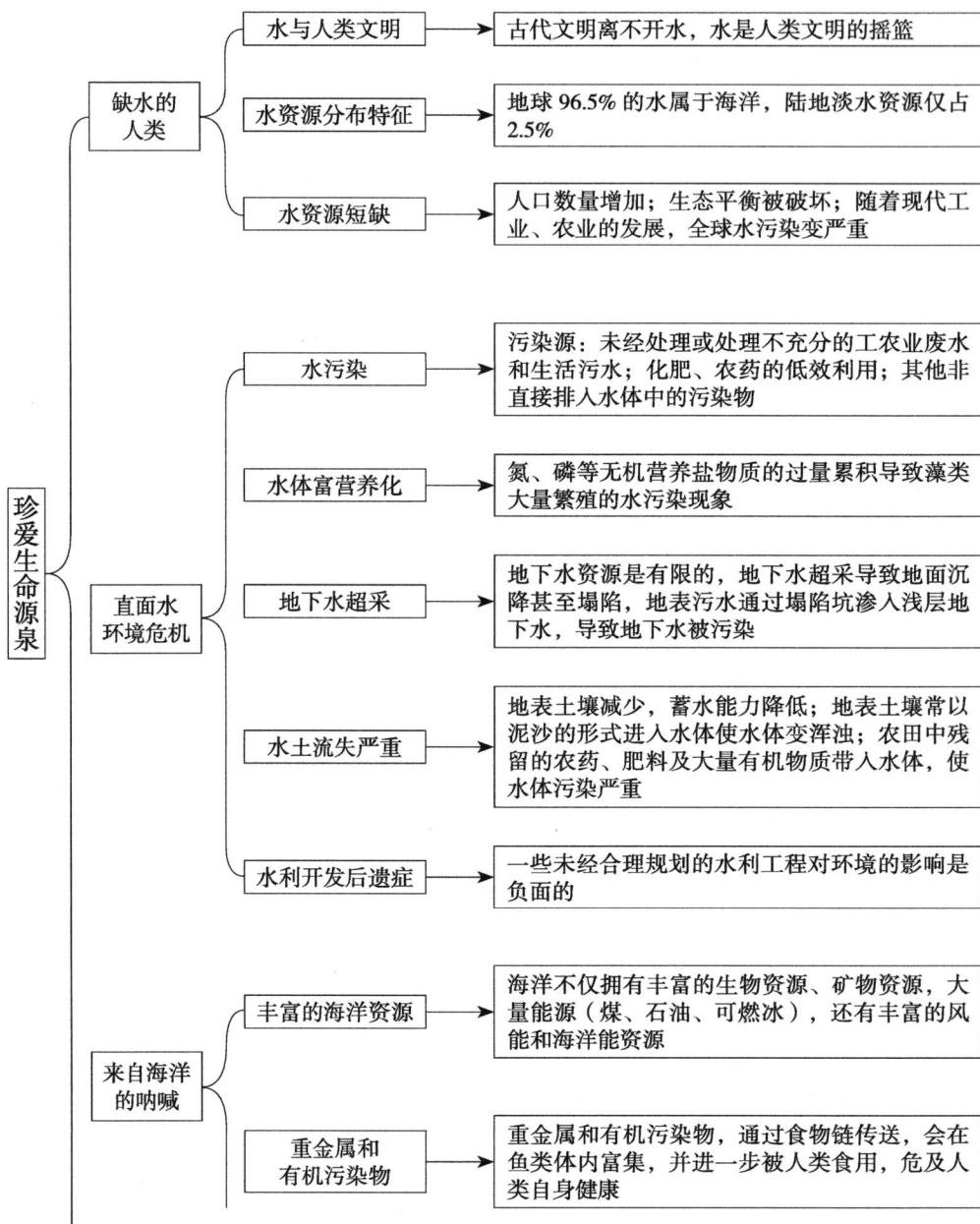

一、内容结构

```
                    ┌─ 水与人类文明 ──→ 古代文明离不开水，水是人类文明的摇篮
         ┌─ 缺水的 │
         │  人类   ├─ 水资源分布特征 ──→ 地球 96.5% 的水属于海洋，陆地淡水资源仅占
         │         │                      2.5%
         │         │
         │         └─ 水资源短缺 ──→ 人口数量增加；生态平衡被破坏；随着现代工
         │                            业、农业的发展，全球水污染变严重
         │
         │         ┌─ 水污染 ──→ 污染源：未经处理或处理不充分的工农业废水
         │         │              和生活污水；化肥、农药的低效利用；其他非
         │         │              直接排入水体中的污染物
         │         │
         │         ├─ 水体富营养化 ──→ 氮、磷等无机营养盐物质的过量累积导致藻类
         │         │                    大量繁殖的水污染现象
         │         │
珍                 │
爱       │         ├─ 地下水超采 ──→ 地下水资源是有限的，地下水超采导致地面沉
生   ────┼─ 直面水 │                  降甚至塌陷，地表污水通过塌陷坑渗入浅层地
命       │  环境危机│                  下水，导致地下水被污染
源       │         │
泉       │         ├─ 水土流失严重 ──→ 地表土壤减少，蓄水能力降低；地表土壤常以
         │         │                    泥沙的形式进入水体使水体变浑浊；农田中残
         │         │                    留的农药、肥料及大量有机物质带入水体，使
         │         │                    水体污染严重
         │         │
         │         └─ 水利开发后遗症 ──→ 一些未经合理规划的水利工程对环境的影响是
         │                              负面的
         │
         │         ┌─ 丰富的海洋资源 ──→ 海洋不仅拥有丰富的生物资源、矿物资源，大
         │         │                      量能源（煤、石油、可燃冰），还有丰富的风
         └─ 来自海洋│                      能和海洋能资源
            的呐喊  │
                   └─ 重金属和 ──→ 重金属和有机污染物，通过食物链传送，会在
                      有机污染物      鱼类体内富集，并进一步被人类食用，危及人
                                      类自身健康
```

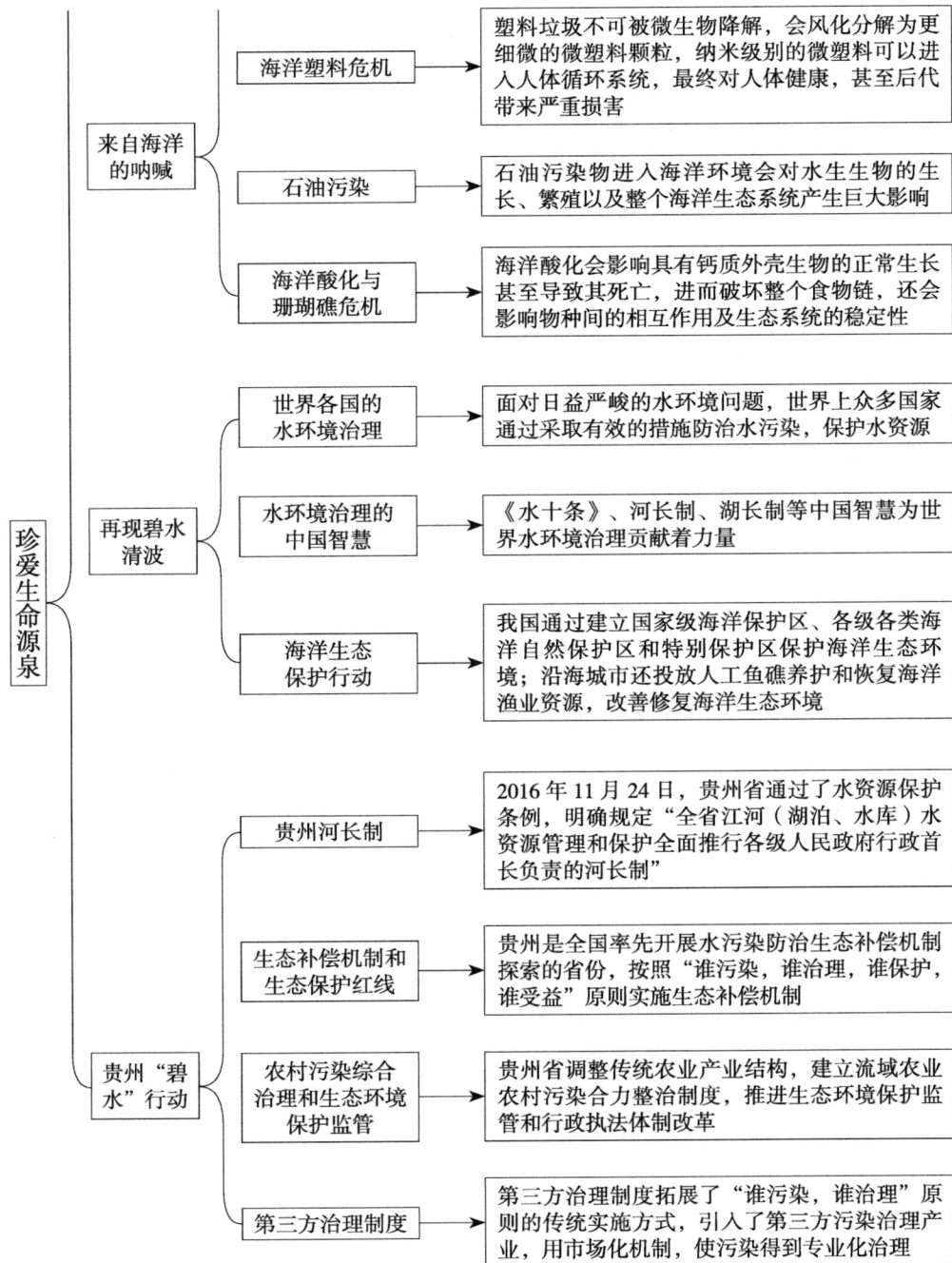

续表

	海洋塑料危机	塑料垃圾不可被微生物降解，会风化分解为更细微的微塑料颗粒，纳米级别的微塑料可以进入人体循环系统，最终对人体健康，甚至后代带来严重损害
来自海洋的呐喊	石油污染	石油污染物进入海洋环境会对水生生物的生长、繁殖以及整个海洋生态系统产生巨大影响
	海洋酸化与珊瑚礁危机	海洋酸化会影响具有钙质外壳生物的正常生长甚至导致其死亡，进而破坏整个食物链，还会影响物种间的相互作用及生态系统的稳定性
	世界各国的水环境治理	面对日益严峻的水环境问题，世界上众多国家通过采取有效的措施防治水污染，保护水资源
再现碧水清波	水环境治理的中国智慧	《水十条》、河长制、湖长制等中国智慧为世界水环境治理贡献着力量
	海洋生态保护行动	我国通过建立国家级海洋保护区、各级各类海洋自然保护区和特别保护区保护海洋生态环境；沿海城市还投放人工鱼礁养护和恢复海洋渔业资源，改善修复海洋生态环境
	贵州河长制	2016年11月24日，贵州省通过了水资源保护条例，明确规定"全省江河（湖泊、水库）水资源管理和保护全面推行各级人民政府行政首长负责的河长制"
	生态补偿机制和生态保护红线	贵州是全国率先开展水污染防治生态补偿机制探索的省份，按照"谁污染，谁治理，谁保护，谁受益"原则实施生态补偿机制
贵州"碧水"行动	农村污染综合治理和生态环境保护监管	贵州省调整传统农业产业结构，建立流域农业农村污染合力整治制度，推进生态环境保护监管和行政执法体制改革
	第三方治理制度	第三方治理制度拓展了"谁污染，谁治理"原则的传统实施方式，引入了第三方污染治理产业，用市场化机制，使污染得到专业化治理

珍爱生命源泉

二、设计思路

（一）章首页设计意图

人类的生产生活离不开水，水是人类文明的摇篮。本章首页，阐述了水是地球的生命之源，地球上的生物离不开水，人类依赖水生存下来，发展了工业和农业，并创建了人类文明。呼吁学生从水与人类关系的角度去认识水对人类的重要性，明确水资源不是取之不尽、用之不竭的，大肆地挥霍和污染会带来严重的水荒。学生通过对首页文字的解读，能认识到人类要与水和谐相处，形成保护水资源的意识。

本章首页的下方配图是一张有树有水的美丽风景画：秋日的斜阳下清澈透明的湖水形成了一个小瀑布，茂密的森林倒映在湖面上。水不仅是我们生产生活必不可少的一种资源，还能供给我们欣赏，给我们一种美的享受。

（二）内容安排特点

本章共分为5部分：《缺水的人类》《直面水环境危机》《来自海洋的呐喊》《再现碧水清波》《贵州"碧水"行动》。《缺水的人类》给我们介绍了水与人类文明之间的关系，水资源分布特征以及水资源短缺的现状。《直面水环境危机》和《来自海洋的呐喊》分别从不同的方面介绍目前水环境面临的主要问题。《再现碧水清波》和《贵州"碧水"行动》重点介绍针对目前水环境面临的问题人类所采取的具体行动，重点介绍中国以及贵州所采取的措施。

水是构成生物体最基本的物质，是生命发生、发育和繁衍的源泉。从农业社会到工业社会，人类对水资源的认识不断深化，对人与水的关系也有了更加深刻的理解。由于人口数量的增加和经济发展，世界范围内的水资源短缺问题越来越突出，而水环境问题又加剧了水资源的紧缺。

随着人类社会经济的迅速发展和城市化进程的加快，排放到河流、湖泊等淡水环境和海洋环境中的废水日益增多，造成水环境质量的急剧恶化，使本来就非常有限的淡水资源部分失去使用价值；其次，干旱化趋势和地下水的过度开发加剧了荒漠化、石漠化，使原本有动植物生存的地方失去生机。

虽然海水不能直接为人类所用，但海洋是水汽之源，其蒸发和降水的微小变化，将引起陆表水循环的巨大变化，海洋丰富的资源更是人类生存和发展的物质保障。

因此，水危机可能比粮食危机、石油危机产生的后果更严重，为了解决威胁人类生存的水环境问题，加强水资源保护、对水资源进行综合性统筹规划和管理已成为世界各国的共识。党的十九大报告中明确了"树立和践行绿水青山就是金山银山的理念"。为了实现绿水青山的环境保护目标，处理好经济发展和水环境保护的关系，成为我国今后一段时间内的长期国策。

三、核心素养侧重点

（一）生命观念

通过学习地球上水资源的分布及现状，了解我国水资源分布的特点，理性看待水与人类文明的关系。

通过学习目前水环境面临的危机，尝试阐述水环境面临危机的原因及结果，认同人类的发展离不开水，也必须保护水的观点。

了解丰富的海洋资源种类，概述造成海洋污染的原因及海洋污染的类型，养成保护海洋生态系统的生活习惯。

了解世界各国在水环境治理方面取得的成绩，阐明中国在水环境治理方面的智慧，认同我国在保护海洋生态环境方面采取的措施。

（二）人地协调观

通过对水资源现状的学习，认识到水是人类赖以生存的生命源泉，形成人必须与水生生态系统和谐共处，才能实现可持续发展的人地协调观。

（三）社会责任

了解水资源现状及水资源短缺的原因，主动反思平时的生活方式，养成良好的用水习惯，减少对水资源的浪费。

通过了解造成水污染的原因，增强保护环境的意识，减少日常生活对水环境的污染。

通过了解造成海洋污染的污染物种类，关注海洋生态系统的协调与稳定，认同水生生物与海洋资源对人类的益处。

了解中国特别是贵州省在水环境治理中的相关政策，认同并支持水环境治理方案，牢记水环境治理中的中国智慧，并向亲戚朋友宣传水环境治理方面的国家政策法规，争做保护水资源的使者。

四、与学生经验的联系

本章内容与学生初中学习的知识联系紧密，贴近学生生活实际。学生通过学习历史，了解到四大文明古国、工业革命等都与水有关；学生结合学习的地理、化学、生物知识，能更好理解水资源短缺及水被污染的原因。水是我们的生命之源，它不是取之不尽用之不竭的，人口增长及人类的发展，产生的污水、废水等对我们生存的环境造成污染，使人类可用的淡水资源大大减少。因此，保护水资源、保护环境是目前人类最紧要的任务。通过本章的学习，能让学生了解水资源被污染的原因及后果，并让学生知道全世界在保护水资源方面所做的努力以及中国在保护水资源方面所采取的措施，体会中国智慧，呼吁同学们爱护水资源，节约用水，保护我们生存的环境。

五、与其他章节的联系

《缺水的人类》与第一章的《工业文明的危机》联系紧密，第一章学习的工业革命的相关知识能为本章学习的水与人类文明部分内容的学习做好铺垫。《直面水环境危机》和《来自海洋的呐喊》与第二章、第四章内容有一定的联系。第二章涉及的生态环境变化会导致水资源的污染，与本章的内容相呼应。第四章提及当大气遭到污染后，大气中的有些有害物质会溶在雨水中，也会对地球上的水生生态系统造成污染，这一内容与本章内容相联系。

六、教学建议

本章教学内容建议安排4课时，第一课时完成《缺水的人类》的教学，第二课时完成《直面水环境危机》的教学，第三课时完成《来自海洋的呐喊》的教学，第四课时完成《再现碧水清波》《贵州"碧水"行动》的教学。

《直面水环境危机》《来自海洋的呐喊》是本章的重点，也是本章的难点。为了提升学生的学习兴趣，突破重难点，教师应在课堂上借助课件及视频等多媒体手段帮助学生直观地理解课本上一些抽象的内容。教师还应该充分组织好课堂，通过提问的方式让学生自主阅读课本，找出问题的答案。为了吸引学生的注意力，让学生积极参与课堂，教师还应在课堂上组织学生小组讨论。学生的讨论及分享不仅能促进学生之间相互学习，还能加深理解。

（一）第一课时

1.播放视频，导入新课

第一课时导入环节播放《贵州省兴义万峰湖》宣传片，与首页所配图片相呼应，让学生在美景的熏陶下进入本章的主题——水。引导学生回归生活实际，水资源伴随我们的生活，它不仅是供我们欣赏的美景，还是我们的生命之源。但随着人口增长及工农业发展，水资源短缺及水资源被污染的情况日益严重，值得人类关注，从而引出本章内容的大致脉络，使学生在学习本章时不感到迷茫。

2.播放视频，小组讨论

在课堂上，教师播放视频《水脉》，探寻人类文明与水的关系，并设置3个问题，引导学生回归课本，自主阅读水与人类文明的内容，再小组合作探究，找到问题的答案并进行分享。这个环节应预留充足的时间进行，不仅能培养学生获取信息的能力，还能培养学生的合作能力、语言表达能力。由于本部分内容与学生学习过的历史知识联系紧密，通过小组合作探究的方式还能取长补短，部分学生对历史知识掌握要多些，可以适当拓宽本部分内容，并借此机会分享给其他同学。

3.自主阅读，回答问题

教师通过设置问题，引导学生自主阅读课本水资源分布特征的相关内容并归纳整理出问题的答案，学生分享答案后教师要及时肯定、点拨并进行总结。

4.设置疑问，探索新知

教师引导学生结合课本，回归生活实际，总结出水资源短缺的原因，并对本节内容进行升华，唤醒学生的社会责任感，为本章后几部分内容的学习做好铺垫。

（二）第二课时

1.播放视频，创设情境

播放视频《中国水资源面临的三大危机》，视频中讲述了我国目前的水资源现状。学生看完视频后思考：我们面临的水环境问题有哪些？教师通过视频创设情境，不仅引发学生思考，还概括性地介绍了《直面水环境危机》

的主要内容。

2.阅读课本，归纳总结

学生自主阅读水污染部分相关内容，尝试归纳总结水污染的类型。教师针对学生的回答组织其他学生进行补充，教师应对学生的回答进行点评和拓展，必要时用通俗易懂的语言帮助学生理解。

3.播放视频，回答问题

播放视频《图解水体富营养化》，视频介绍什么是富营养化？形成富营养化的原因及富营养化导致的结果。学生通过观看视频，获取视频信息，并回答相关问题。借助多媒体能使课堂内容更丰富，提升学生学习兴趣，还能培养学生获取信息的能力。

4.小组合作，获得新知

学生阅读课本上《地下水超采》《水土流失严重》两个部分内容，小组合作讨论3个问题，教师鼓励三个小组分享讨论成果，组织其他学生进行补充。最后组织学生回归课本，勾画出相关的重点内容。

5.发散思维，课后知识补充

通过本节课的学习，引导学生尝试去分析贵州省缺水的原因，区分自然因素和人为因素，并进行分享。这个部分作为本节课的知识补充，能将学生学习的内容应用并拓展到生活实际。

（三）第三课时

1.观看视频，启发思考

《来自海洋的呐喊》主要讲述目前海洋生态环境的现状。本课开篇先通过播放视频《海洋蕴藏着丰富的资源，虽然开发难度大，但是我们仍在努力开发中》介绍丰富的海洋资源，教师引导学生根据视频及课本内容认识现有的海洋资源，并提问：可燃冰是什么？可燃冰对比石油和天然气来说有什么优点呢？学生带着疑问再次观看视频《三分钟带你认识可燃冰》，通过视频中生动的介绍帮助学生更好地理解可燃冰这一新型能源。而且通过这种提问与视频相结合的方式，不仅能启发学生的思考，还能生动形象地让学生获得新知识。

2.阅读教材，回答问题

学生自主阅读教材，结合初中学习的生物学知识，理解生物富集现象，总结出重金属和有机污染物对人类的影响。通过这种方式，能培养学生的自主学习能力和习惯，增加学生的课堂参与度。

3.小组合作，探索新知

本部分内容涉及的海洋离我们很远，大多数学生只能通过书本、电视或者互联网才能了解海洋，因此，通过小组合作的方式，可以集大家的智慧于一体，取长补短，共同探索神秘的海洋知识。通过讨论不仅能锻炼学生胆量，使他们大胆发言，还能培养他们的团队合作意识，真正体现学生是课堂主体的教育理念。

（四）第四课时

1.创设情境，导入新课

本课时需完成《再现碧水清波》《贵州'碧水'行动》内容，《再现碧水清波》主要是介绍针对目前的水环境问题世界各国的治理方案，重点介绍水环境治理的中国智慧。《贵州'碧水'行动》介绍贵州在水环境治理上采取的措施及取得的成果。因此，在学习完前三部分后，教师可在本节课开篇时创设情境，从而引入本节课学习的主题，这样可以使前后内容之间衔接紧密，学生对章节脉络认识更加清晰。

2.播放视频，了解世界各国水环境治理的实例

世界上许多国家采取了有效的措施治理被污染的水环境，以保护水资源。教师可通过播放一些视频，介绍一些国家在水污染治理上采取的典型措施及取得的成效。通过观看视频的方式，避免学生在学习本部分内容时感觉枯燥，提升学生的学习兴趣。

3.小组合作，解决问题

教师组织小组合作讨论，学生参照课本了解水环境治理的中国智慧以及贵州省采取的措施。学生通过讨论，除了能解决教师提出的问题以外，还能重点了解我国特别是贵州省在水环境治理上所做的努力，学生分享完讨论结果后，教师适当总结升华，可以激发学生的社会责任感。

4.阅读教材，回答问题

教师根据课本内容设置一些直观的问题，引导学生自主阅读教材，找到问题的答案。这样的方式能增加学生对教材的熟悉程度，还能培养学生的自主学习能力。

5.观看视频，总结升华

本课时为本章的最后一节课，播放视频让学生了解目前水环境治理的成果，教师借助视频内容对本章进行总结，并呼吁学生要节约用水，爱护水环境，将生态文明的理念传播给身边的人。

七、课后思考与实践提示

缺水的人类

提示

贵州水资源时空上分布不均匀。时间：特点为夏秋多雨，冬春少雨，降水集中，多暴雨。空间：地表水少，地下水较丰富。地表水主要集中分布在珠江支流和长江支流。按照全国地表水资源分区，在一级区中，贵州省有2/3的地表水资源量属长江流域，有1/3的地表水资源量属珠江流域。在长江流域中有4个二级区，7个三级区；在珠江流域中有2个二级区，4个三级区。

关联：水资源越丰富，人文环境越多样。

直面水环境危机

1.第一个问题的提示

略。

2.第二个问题的提示

自然因素：贵州喀斯特地貌分布面积广，山高坡陡，降水多渗透到地下，导致地表土层含水量少；

人为因素：大面积开垦土地、在不适宜耕种的坡地上种植农作物、毁林开荒等人为活动引发水土流失，导致缺水。

来自海洋的呐喊

1.第一个问题的提示

外出购物选择可以反复使用的环保购物袋；不用一次性塑料杯，外出购买咖啡或者奶茶等饮品可使用自带保温杯；减少瓶装水的购买，使用自用的饮水杯饮水；使用密封罐、保鲜盒保存食物，减少保鲜袋、保鲜膜的使用；不用或减少塑料吸管的使用；不随手丢弃塑料制品，根据类别分别投放等。

2.第二个问题的提示

（1）减少碳足迹和能源消耗。人类活动是气候变化的主要原因，气候变化直接影响海洋环境。无论在家还是出行，你都可以有意识地做到：绿色出行；使用节能灯；能走楼梯就不坐电梯；电脑待机不用就关掉；天热开电扇，天冷穿厚衣服，少用空调；多用清洁能源的产品等。

（2）有选择性地吃海鲜。海鲜巨大的需求量，引发过度捕捞使得栖息地环境遭破坏和全球海洋鱼类种群急剧下降。在购买食材或者在外就餐时，可以有意识地不选择稀有的海鲜品类，或者选择那些健康又可以持续的海鲜种类，又或者减少吃海鲜的频率。

（3）少用塑料制品。很多塑料垃圾最后都进入海洋，破坏海洋生物的生存环境，每年有成千上万的海洋动物被这些塑料垃圾困住甚至杀死。减少塑料污染，你可以做的事情有很多，如自己带水杯喝水而不是喝瓶装水，使用可降解饭盒，使用帆布袋和其他能重复使用的袋子，把循环利用作为一种生活方式。记住生活中三大塑料污染来源：塑料吸管、塑料袋和塑料瓶。

（4）保护海滩。到海边无论是游泳、冲浪，还是休闲，离开前均要清理留下的垃圾。在海滩上游玩，不要惊扰海边的动物，也不要破坏珊瑚等海洋生态体。更进一步，可以参与或者发动其他人一起清理海滩，参与一些海滩的保护项目。海龟夜里会在沙滩产卵，不要用灯光去惊扰他们。

再现碧水清波

1.第一个问题的提示

①认真学习并掌握水环境知识；②落实水环境保护行动；③多参加关于

水环境保护的活动。

2.第二个问题的提示

略。

贵州碧水行动

1.第一个问题的提示

令流域综合管理规划更具科学性；完善河湖蓝线管理；完成河长制信息平台的构建；有效推进社会公众舆论监督。

2.第二个问题的提示

略。

3.第三个问题的提示

贵州省2021年印发《贵州省赤水河等流域生态保护补偿办法》，按照"谁超标谁付费，谁保护谁受益""市县为主，省级奖补"的原则，建立"统一方式、统一因子、统一标准"的流域横向补偿机制，调动各地各部门保护水环境的积极性，改善全省流域生态环境质量。

八、教学设计案例

缺水的人类

（一）教材分析

《缺水的人类》主要内容包括水与人类文明、水资源分布特征、水资源短缺。该部分的学习为《珍爱生命源泉》这一章起到开头的作用，也为后面学习《再现碧水清波》和《贵州"碧水"行动》奠定了一定的基础。

（二）学情分析

本节课的授课对象是高二年级的学生，学生们初中学习的地理、物理、历史等知识可以帮助他们理解本节内容。学生通过学习本节的内容，对现有水资源状态积累一定的认识，掌握目前水资源污染及短缺的原因，从而呼吁同学们节约用水，珍惜水资源，减少环境污染对水资源的破坏。

（三）教学目标

（1）概述水在地球上的存在形式，探究水与人类文明的关系。

（2）概述地球上水资源的分布及现状，说出我国水资源分布的特点。

（3）初步认识并说出水资源短缺的原因。

（4）培养学生爱护水环境的意识，养成节约用水的习惯，保护水资源环境。

（四）教学重点、难点

1.教学重点

（1）水在地球上的存在形式，水与人类文明。

（2）全球水资源分布的特征以及我国水资源分布的特征。

2.教学难点

水资源短缺的原因及解决措施。

（五）教学策略

①讲授法；②小组讨论法；③VIPP教学法。

（六）教学过程

学习任务	教师活动	学生活动	设计意图
新课导入	**【展示、创设情境】** 播放视频《〈生命之歌〉我们的江河》。 自然创造物中，水处于生生不息的永恒状态，它们无限流动，无穷推进，释放着源源不断的宇宙潜力。水淬炼自身，并养育一切，它是大地上的血脉。 **【提问】** 既然地球上的水圈是一个永不停息的动态循环系统，那地球上的水是如何循环的呢？	观看视频，阅读教材P$_{56}$前三段，认识水循环的过程，了解在太阳能的作用下，海洋表面的水蒸发到大气中形成水汽，水汽随大气环流运动，一部分进入陆地上空，在一定条件下形成雨雪等降水。大气降水到达地面后转化为地下水和地表径流，地下水和地表径流最终又回流到海洋，由此形成水的动态循环。	学习文字资料及观看视频，了解水循环的过程。
水与人类文明	**【过渡】** 水循环的存在使得水资源能够不断更新，成为一种可再生资源。 　　水是构成生物体最基本的物质，没有足够的清洁的淡水，人类文明是无法持续的。早在几千年前，四大文明古国就依水而建。		
	【展示】 播放视频《水脉》。 **【小组合作，回答问题】** 结合视频，阅读教材P$_{56\sim57}$"水与人类文明"，小组讨论回答以下几个问题：	观看视频，阅读教材，分析水与人类文明的关系。 　　（1）著名的四大文明古国都建立在大河流域，在河流沿线，洪水周期性泛滥形成了肥沃的冲积平原，先民通过引水	观看视频及阅读教材，了解四大文明古国与大河流域的相关历史，引导学生认识

续表

学习任务	教师活动	学生活动	设计意图
	（1）水资源与著名的四大文明古国有什么关系？ （2）四大文明古国分别对应什么河流？ （3）水对人类文明的发展有什么意义？举相关的例子说明。 **【总结提升】** 水不仅孕育了人类生命，而且还深刻影响到人类文明的产生和发展，这充分说明了人类与水资源之间关系和谐的重要性。	灌溉，形成了早期的农业生产，进而诞生了与之相适应的科学技术、政治文化和社会分工。 （2）尼罗河哺育了古埃及文明；印度河滋养了古印度文明；幼发拉底河和底格里斯河孕育了古巴比伦文明；黄河成就了源远流长的中华文明。 （3）水不仅保证了人类生存的基本需求，也成了人类文明发展的重要动力；人类文明的兴衰源于水，水环境的变迁必然影响人类社会、文化的演变，甚至直接导致人类文明的衰亡。	水与人类文明的关系。
水资源分布特征	**【过渡】** 水是人类文明的摇篮，人类的生产生活离不开水。 虽然地球表面大部分都是水，但并不是所有的水都能直接被人们利用。 **【阅读课本，回答问题】** 阅读教材P_{58~60}"水资源分布特征"，思考回答以下问题： （1）水资源的分布有哪些特征？	分析教师提出的问题，阅读教材，了解水资源分布特征。 （1）阅读教材，了解地球96.5%的水属于海洋；陆地淡水资源仅占2.5%，其中固体冰川	

续表

学习任务	教师活动	学生活动	设计意图
	（2）因为可用的淡水资源不多，各国因为水资源引起的争端也不少，请举例说明？ （3）我国的水资源分布有何特点？ 【展示】 播放视频《关注世界水日，多地人均水资源量低于严重缺水线》。 据2022年统计，我国水资源总量居世界第五位，人均占有量约为世界人均水平的27%，全国有16个省（自治区、直辖市）人均水资源量低于严重缺水线，整体上看，南方水多，北方地区水少。为解决我国水资源时空分布不均的问题，我们采取了加强水利基础设施建设，优化水资源调蓄和配置，更重要的是强化深度节水，推进全过程、全产业、全民综合节水等措施。	约占淡水总储量的68.69%，主要分布于南极、北极、青藏高原以及阿尔卑斯山、落基山等山脉；剩下的1%是湖泊咸水和地下咸水。目前能被人类直接利用的液态淡水仅占全球淡水资源储量的0.3%。 （2）结合教材，举例说明印度、孟加拉国等国家之间曾因水资源引起的争端。 （3）阅读教材，认识到我国的水资源分布有南多北少、东多西少的特点。	通过自主阅读，客观认识地球的水资源分布特征，正视我国水资源问题。

续表

学习任务	教师活动	学生活动	设计意图
水资源短缺	**【过渡】** 　　从水资源的分布特征来看，我们人类可以使用的淡水资源很少，随着人口的增多，在世界范围内水资源的缺乏现状越发突出。 **【提问】** 　　阅读教材P$_{60\sim61}$"水资源短缺"，思考目前水资源短缺的具体原因有哪些？ **【活动】** 　　水资源不是取之不尽用之不竭的，水资源的短缺不是某个国家的问题，而是世界共同面临的难题，我们应该怎么做呢？同学们尝试谈一下你们的想法。	阅读教材，认识当前水资源短缺的原因：人口数量增加导致人均用水量逐渐下降；生态平衡被破坏，使得陆地淡水总量急剧减少；随着现代工业、农业的发展，全球水污染变得日益严重。 　　结合生活常识和当前所学内容，提出自己的观点。	让学生进一步认识当前人类水资源短缺的原因，引导学生做一个节约水资源，保护水资源的好公民。
小结	水不仅孕育了人类生命，更是关系国家经济以及人类社会可持续发展和长治久安的重要资源。地球表面虽然大部分是水，但人类可以使用的淡水资源却很少，因此，我们需深刻认识到保护水环境，珍惜水资源，就是保护人类自己。		归纳总结本节课知识点。

直面水环境危机

（一）教材分析

《直面水环境危机》主要内容包括水污染、水体富营养化、地下水超采、水土流失严重、水利开发后遗症。该部分内容的学习承接了前面《缺水的人类》水资源短缺的问题，又与后面学习《来自海洋的呐喊》有一定的联系，所以该部分内容在本章的学习中起到承上启下的作用。

（二）学情分析

本节课的授课对象是高二年级的学生，学生通过学习《缺水的人类》了解了水资源分布的现状，并简单认识了水资源短缺的原因，这些知识对学生学习《直面水环境危机》内容起到了一定的铺垫作用。学生通过学习本节内容，可以很深刻地认识到目前人类所面临的水环境危机有哪些，通过阅读、讨论、观看视频等方式能够加深学生的印象，使他们在生活中养成保护水资源、节约用水的习惯。

（三）教学目标

（1）通过学习说出导致水环境危机的原因。

（2）通过对比阐明我国面临的水环境危机。

（3）概述水污染的主要类型。

（4）通过小组合作交流，学习并阐述地下水超采导致的后果及水土流失如何导致水环境恶化。

（5）通过学习水环境面临的危机，养成良好的用水习惯，减少对水资源的浪费。

（四）教学重点、难点

1.教学重点

（1）水污染的类型。

（2）地下水超采的结果。

（3）水土流失的后果。

2.教学难点

水体富营养化的原因及结果。

（五）教学策略

①讲授法；②VIPP教学法。

（六）教学过程

学习任务	教师活动	学生活动	设计意图
新课导入	【复习导入】 　　随着人类社会经济的迅速发展，全球水污染变得日益严重，使本来就非常有限的淡水资源相当大的一部分失去了使用价值。此外，干旱化趋势和地下水的过度开发，加剧了荒漠化、石漠化，使水资源变得更加紧缺。	明确本节学习方向，明确当前全球面临的水环境问题。	引导学生回顾知识，进入本节课学习。

续表

学习任务	教师活动	学生活动	设计意图
	当前我们所面临的水环境问题有：水污染、水体富营养化、地下水超采、水土流失严重、水利开发后遗症等。		
	【过渡】 对我们人类有直接威胁的水资源问题是水资源的污染，水污染不仅威胁我们的健康，还是影响人类发展的环境杀手。		
水污染	【阅读课本，回答问题】 阅读教材P_{62~64}"水污染"，思考并回答以下问题： （1）造成水污染的原因有哪些？ （2）生活污水可根据来源分为哪几类？如果未经处理的生活污水直接排放会造成哪些影响？	阅读教材，了解造成水污染的原因及水污染危害。 （1）阅读教材，认识到直接排放未经处理或未充分处理的工农业废水，直接排放未经处理的生活污水，化肥农药的低效利用，工厂排放的二氧化硫以及垃圾中的有毒物质等其他非直接排入水体中的污染物等都会造成水污染。 （2）结合教材，了解生活污水根据来源可分为三类：洗涤用水、人们排出的粪便和冲厕用水、厨房用水。直接排放洗涤用水，很容易造成水体富营养化，从而引发赤潮或水华。	通过对问题的思考，阅读教材、提取重要信息，分析、思考、讨论、组织语言回答问题。培养学生的循证思维。

续表

学习任务	教师活动	学生活动	设计意图
		直接排放人排出的粪便和冲厕用水，若混入人体饮用水中，容易造成肠道疾病，危害健康。直接排放厨房用水，其会在厌氧菌的作用下生成恶臭物质，影响空气质量，滋生蚊蝇，诱发传染病。	
水体富营养化	**【过渡】** 人类活动严重破坏了我们的环境，包括我们日常生活中洗涤用水的排放及化肥的使用等都会污染水体，使水体呈现富营养化的状态，那什么是水体富营养化呢？		
	【展示】 播放视频《〈创新进行时〉探秘城市之"肾"（一）》。 从20世纪60年代到20世纪末，杭州市临安区居民的生活污水、工业生产的污水、废水直接从下水道排入城中的三条溪中，汇入青山湖。三十年来，青山湖容纳各种污水、废水的排入，引起水体富营养化，最终失去自净能力，水质恶化。	阅读教材，观看视频，获取视频信息，了解水体富营养化的原因与危害。 （1）水体富营养化是指氮、磷等无机营养盐物质的过量积累所引起的水污染现象。 （2）导致水体富营养化的原因是大量富含氮、磷的工业废水、农业化肥和生活污水被排入湖泊、水库、河流等水体，导致氮、磷含量高于生物需求。	通过观看视频、阅读、思考讨论、归纳概括形成概念。

续表

学习任务	教师活动	学生活动	设计意图
	【提问】 结合视频，阅读教材P₆₅"水体富营养化"，思考回答以下问题： （1）什么是水体富营养化？ （2）导致水体富营养化的原因是？ （3）水体富营养化的危害是什么？	（3）藻类大量繁殖，一方面水体的透明度降低，阳光难以穿透表层水体，从而影响水中植物的光合作用，使水中溶解氧含量减少，造成鱼类大量死亡；另一方面，藻类在初期快速生长，将水中的营养盐耗尽后，藻体死亡、腐败，细菌分解藻类尸体的过程中，也会消耗大量溶解氧。	
	【过渡】 水环境的危机除了水被污染以外，还存在地下水超采严重等问题。地下水可以通过降水或者河流补给，但如果在一个地方抽出的水量长时间大于补给的水量，将会造成超采，随之引发一系列环境和地质问题。		
地下水超采	【观看视频，阅读课本，回答问题】 阅读教材P_{66~68}"地下水超采"。播放视频《关注世界水日华北地区地下水超采问题严重》。 最新数据显示（2022年3月报道），过去70年全球陆地地下水储量累计减少了60多万亿立方米，说明当前地下水存在	阅读教材，观看视频，分析教师提出的问题，了解我国当前地下水状况，地下水超采的后果以及为解决超采我国采取的措施。	通过设置问题引导学生阅读教材、观看视频、提取重要信息，分析、组织语言回答问题。

续表

学习任务	教师活动	学生活动	设计意图
	超采现象。 （1）我国地下水分布广泛，是重要的供水水源，长期以来，我国年地下水开发利用量近一千亿立方米，约占总供水量的20%，那我国开采的地下水都利用于哪些方面？ （2）过度开采地下水除容易带来地面沉降、河流萎缩等问题外，还易导致什么后果？ 　　为实现河湖的地下水回补，我国力争2023年底基本建立起覆盖全国主要平原区的地下水管控指标体系，通过加强地下水使用水总量，水位动态的监管，强化地下水开发利用的监测预警，逐步实现地下水采补平衡。	（1）在北方地区，约65%的生活用水、50%的工业用水和33%的农业灌溉用水都来源于地下水，在华北地区，这个比例甚至达到75%。 （2）地下水超采还会带来地下水污染、破坏环境等问题。	
水土流失严重	【过渡】 　　水土流失也是造成水环境恶化的一个重要原因。 【阅读课本，回答问题】 　　阅读教材P₆₈~₆₉"水土流失严重"，阐述水土流失如何导致水环境恶化？	结合教材，阐述水土流失造成的危害。	通过阅读、归纳概括形成概念。

续表

学习任务	教师活动	学生活动	设计意图
水利开发后遗症	【过渡】 随着社会经济的发展，水利工程开发的强度和速度都在增加，优秀的水利工程可以改善生态环境，而一些未经合理规划的水利工程则会对环境造成负面影响。		
	【阅读课本，回答问题】 阅读教材P_{69~70}"水利开发后遗症"，思考回答以下问题： （1）优秀的水利工程有何作用？ （2）未经合理规划的水利工程会对环境造成哪些影响？	阅读课本，认识到优秀的水利工程不仅可以满足供水、防洪、航运、水力发电等方面的需求，保障社会经济安全，促进工农业生产持续稳定发展，同时还是优秀的生态工程，能保护水土资源和改善生态环境。并根据自身理解总结出不合理的水利开发的后遗症。	通过引导学生阅读课本，培养学生归纳总结和语言组织能力。
小结	本节课介绍了水环境污染的六种问题以及这些问题的成因、影响，让学生深刻认识到正是因为人类不合理的排放及开采，使得污染物进入水体，进而引起水质下降，使得水资源的利用价值降低或丧失。因此，面对严峻的水污染问题，我们应积极行动起来，珍惜每一滴水，采取节水、防治水污染等多种措施，合理利用和保护水资源。		概括、总结本节课内容。

来自海洋的呐喊

（一）教材分析

《来自海洋的呐喊》主要内容有丰富的海洋资源、重金属和有机污染物、海洋塑料危机、石油污染、海洋酸化与珊瑚礁危机。该部分内容是学生学习了《直面水环境危机》后的升华，是本章的重点知识，与学生生活联系比较紧密，能更好地引导学生认识目前水环境污染的现状，激发学生保护水环境的意识。

（二）学情分析

本节课的授课对象是高二年级的学生，初中学习过的生物、地理等学科的相关知识可以帮助学生更容易理解本课内容。但本节课内容较多，若直接给学生讲解本节内容较枯燥乏味，不能激发学生的学习兴趣，因此，学生可通过观看一些小视频等方式学习相关内容。然后再通过教师提问，自主阅读课本等方式，使学生的学习效果更好。

（三）教学目标

（1）概述海洋有哪些丰富的资源，理解并概括可燃冰的定义、分布及特点。

（2）举例说出重金属和有机污染物的类型及对环境的影响。

（3）了解海洋塑料危机，识别微塑料并对微塑料的来源及对人类生活的影响进行阐述。

（4）小组合作交流，分类阐述石油污染对生物及对环境造成的危害。

（5）说出海水酸化的原因，复述海洋酸化对水生生物的影响，了解珊瑚礁被破坏的原因及造成的严重影响。

（四）教学重点、难点

1.教学重点

（1）可燃冰的定义、分布及特点。

（2）重金属及有机污染物的类型及危害。

（3）海洋酸化的原因及危害。

2.教学难点

（1）海洋微塑料的来源及对生物造成的影响。

（2）石油污染对生物及环境造成的影响。

（五）教学策略

①讲授法；②小组讨论法；③VIPP教学法。

（六）教学过程

学习任务	教师活动	学生活动	设计意图
新课导入	【展示、创设情境】 　　海洋在全球水循环中发挥着重要作用，全球水汽蒸发量的86%，降水量的78%都集中在海洋上，海洋是水汽之源，蕴含着丰富的资源。 　　播放视频《海洋蕴藏着丰富的资源，虽然开发难度大，但是我们仍在努力开发中》。	观看视频及学习文字资料，提取视频中的信息。	通过视频导入，激发学生的学习兴趣。

续表

学习任务	教师活动	学生活动	设计意图
丰富的海洋资源	【展示】 播放视频《三分钟带你认识可燃冰》。 【提问】 结合视频，阅读教材P$_{71\sim73}$"丰富的海洋资源"，思考回答以下问题： （1）海洋中具体有哪些资源？ （2）什么叫可燃冰？可燃冰有哪些特征？可燃冰对比石油和天然气来说有什么优点？ 随着开采技术逐渐成熟，国际公认可燃冰将会成为石油、天然气的替代能源，是未来全球能源发展的战略制高点，接下来我们一起来看个视频了解一下。	（1）了解海洋拥有的资源包括：丰富的生物资源，据推测，海洋的生物种类有100万种以上；丰富的风能和海洋能资源；矿物能源，在地球上已发现的百余种元素中，有80余种以不同的形式存在于海洋中；大量的金属结核以及海底多金属软泥；大量的石油、天然气、可燃冰等矿产资源。 （2）认识到可燃冰是指在海底由于高压、低温环境，大量由碳氢化合物和水分子结合形成的类结晶状固态物质。其分布于深海沉积物和陆地永久冻土中，具有能量密度高、杂质少、矿层厚、规模大、分布广等特征。且可燃冰燃烧后仅产生少量二氧化碳和水，污染远小于煤、石油和天然气，但能量却为它们的10倍以上。	通过视频的方式介绍可燃冰，能够帮助学生理解，加深学生的印象。

续表

学习任务	教师活动	学生活动	设计意图
重金属和有机污染物	**【过渡】** 　　海洋所含的资源非常丰富，目前被人们利用起来的海洋资源不多，还有很大的挖掘潜力。但是，随着工业的发展，以及人类日常生活产生的废弃物排放，海洋正经历着被污染的危机。接下来我们一起来了解：海洋正经历哪些污染？		
重金属和有机污染物	**【阅读教材，回答问题】** 　　阅读教材P$_{73~75}$"重金属和有机污染物"，思考重金属和有机污染物对生态环境及人类有什么危害？	阅读教材，认识到重金属和有机污染物会让海洋中大量生境遭到破坏，群落结构被改变，生态系统平衡被打破，人类与海洋的和谐关系面临危机；同时，倾倒入海的重金属不仅会破坏生态环境，还会经由食物链危害人类自身。	通过阅读、思考讨论、归纳概括形成概念。
海洋塑料危机	**【观看视频，阅读课本，回答问题】** 　　如今，塑料废物已经成为海洋中所发现的第一大类垃圾，海洋中的塑料垃圾污染至少威胁到了600种野生动物的生存。	学生通过观看视频，获取视频关键信息，再结合课本，总结出微塑料的来源及造成的后果。认识到塑料垃圾不可被微生物降解，但受到海浪拍打、暴露于阳光下会自然风化分解成更细微的颗粒。 　　（1）这些直径小于5毫米，甚至到纳米级的塑料碎片，被称为微塑料。	通过观看视频、阅读、思考讨论、归纳概括形成概念。

续表

学习任务	教师活动	学生活动	设计意图
	播放视频《关注海洋微塑料》。阅读教材P$_{75\sim76}$"海洋塑料危机"。思考回答以下两个问题： （1）什么是微塑料？ （2）海洋微塑料的来源及造成的后果？	（2）海洋微塑料一部分是由塑料垃圾随时间推移自然分解的，另一部分则是人类生活直接排放的。微塑料被海洋生物摄食后会影响其正常发育；且纳米级的微塑料可以进入人体循环系统，如果长期摄入微塑料，最终会对人类健康，甚至后代带来严重损害。	
石油污染	【阅读教材，回答问题】 　　阅读教材P$_{76\sim78}$"石油污染"，思考石油污染对海洋环境有哪些影响？并举例说明。	阅读课本，认识到石油污染物进入海洋环境会对水生生物的生长、繁殖以及整个海洋生态系统产生巨大的影响，还常常会造成海鸟大量死亡，且还会降低海滨环境的使用价值，破坏海岸设施，可能影响局部地区的水文气象条件和降低海洋的自净能力。	通过阅读、思考讨论、归纳概括形成概念。
海洋酸化与	【阅读教材，回答问题】 　　阅读教材P$_{78\sim79}$"海洋酸化与珊瑚礁危机"，思考回答以下问题： （1）海水酸化的原因是什么？	阅读教材，认识到： 　　（1）海水酸化的原因是二氧化碳的含量不断增加。 　　（2）海水酸化会影响钙质外壳生物的正常生长甚至死亡，进而破坏整个食物链。另外，酸	通过阅读、思考讨论、归纳概括形成概念。

续表

学习任务	教师活动	学生活动	设计意图
珊瑚礁危机	（2）海水酸化会导致哪些生态问题？ （3）哪些原因会导致珊瑚礁面积的骤减？ （4）珊瑚礁被破坏对生态系统有什么影响？	化的海水中氢离子浓度增高，会对鱼的感觉器官产生不同程度的损伤，使鱼的生理与行为受到影响。这种影响还可能通过食物链向上层营养级物种传递，进而影响物种间的相互作用及生态系统的稳定性。 　（3）气候变化、海洋垃圾以及人类活动都会造成珊瑚礁面积的骤减。 　（4）对于大多数海洋生态系统来说，珊瑚礁是重要的栖息地和避难所，它们的消失将使数千种鱼类和其他海洋生物濒临灭绝。	
小结	通过本节课的学习，我们认识到地球生命的摇篮——海洋中蕴含着丰富的自然资源，这些资源是人类生存和发展的物质和空间保障，但海洋正面临着海水酸化、石油污染、塑料污染、重金属污染等威胁。面对这些威胁，虽然普通人无法参与到海洋塑料污染的清理中，但我们可以从点滴做起，从源头开始减少塑料垃圾，一同助力海洋保护，加入蔚海行动，共同守护蔚蓝的海洋。		总结本节课内容，增强爱护海洋、保护海洋的意识。

再现碧水清波

（一）教材分析

《再现碧水清波》主要内容有世界各国水环境治理、水环境治理的中国智慧和海洋生态保护行动。该部分内容是学生学习了《来自海洋的呐喊》后的延续，既对上一节课学习的海洋污染提供解决措施，又能为学生学习下一节课内容做好铺垫，在本章知识结构中起到承上启下的作用。

（二）学情分析

本节课的授课对象是高二年级的学生，初中的学习以及生活中的所见所闻使得高中学生已经具备了基本的环保意识，对保护海洋环境存在共鸣。在本节课学习中，通过播放视频，能让学生了解一些典型的治理海洋环境的案例，并通过学习我国保护水资源环境的相关政策及措施，能让学生们从我国治理水环境的智慧中树立责任意识和主人翁意识，从小事做起，保护水资源，保护我们周围的环境。

（三）教学目标

（1）通过观看典型案例的视频，了解世界各国治理水环境的方法及取得的成绩。

（2）通过了解并概述水环境治理中的中国智慧，树立学生的责任意识和主人翁意识。

（3）了解海洋生态保护行动，认同我国在保护海洋生态环境方面采取的措施。

（四）教学重点、难点

1.教学重点

（1）世界各国的水环境治理。

（2）水环境治理的中国智慧。

2.教学难点

海洋生态保护行动。

（五）教学策略

①讲授法；②小组讨论法；③VIPP教学法。

（六）教学过程

学习任务	教师活动	学生活动	设计意图
新课导入	【展示、创设情境】 播放视频《云南滇池水环境治理成果》。 近年来，云南把生态环境保护放在突出位置，通过环湖截污治污等措施展开综合治理，使得滇池水质整体逐步趋稳，让滇池再现碧水清波。	学生通过观看视频，了解滇池水环境治理之后的成果，并引出本节课的主题——再现碧水清波。	通过视频导入，激发学生的学习兴趣。

续表

学习任务	教师活动	学生活动	设计意图
世界各国的水环境治理	【过渡】 　　水环境危机可能比粮食危机、石油危机产生的后果更为严重，为了解决威胁人类生存的水环境问题，加强水环境保护，对水资源进行综合性统筹规划和管理已成为世界各国的共识。 　　滇池水环境的治理只是中国水环境治理的一个典型例子，世界各国都在进行水环境的治理，接下来我们通过视频来了解一些世界水环境治理的典型案例。		
	【展示】 　　播放视频《域外视野：日本琵琶湖蜕变的启示》。 　　播放视频《海外水污染治理观察：泰晤士河治污，带动水上经济发展》。 　　生态遭到破坏的琵琶湖、泰晤士河，在政府采取大量水质保护措施后，治污成效显著，治理后的河湖也为沿岸的民众带来了巨大的经济效益。	观看视频，提取视频中的信息。阅读教材P$_{80\sim81}$"世界各国的水环境治理"，了解日本琵琶湖和英国泰晤士河的水环境治理措施。	以视频的方式让学生了解日本琵琶湖及英国泰晤士河水环境治理的方式及结果，不仅提升学习兴趣，还能拓宽学生的视野。
	【过渡】 　　水污染防治是生态文明建设的重要一环，中国正在积极探索河道管理的创新方式，为世界治理水环境贡献中国智慧。		

续表

学习任务	教师活动	学生活动	设计意图
水环境治理的中国智慧	【小组合作，回答问题】 阅读教材P_{81~83}"水环境治理的中国智慧"，小组讨论回答以下问题： （1）《水十条》的具体内容是哪些？ （2）什么叫河长制？我国什么时候全面建成河长制和湖长制？ （3）河长制和湖长制建成的意义？	阅读教材，深刻理解河长制和湖长制建成的意义，认识到： （1）《水十条》提出了全面控制污染物排放、推动经济结构转型升级、着力节约保护水资源、强化科技支撑、充分发挥市场机制作用、严格环境执法监管、切实加强水环境管理、全面保障水生态环境安全、明确和落实各方责任、强化公众参与和社会监督等十条具体措施。 （2）河长制指由各级党政主要负责人担任河长，负责组织领导相应河流的管理和保护工作。2018年6月底全面建成河长制，2018年底全面建成湖长制。 （3）略。	学习文字资料，了解为治理水环境，中国贡献的方案，引导学生学习中国的水环境治理措施，加强对相关政策法规的理解与支持，以提高学生的社会责任感。

【过渡】

水环境的保护及治理工程不仅仅局限于各国的河流，更应该重视对地球上的海洋生态进行保护。通过上一节内容的学习，我们了解到海洋资源丰富，人类正在尝试开发利用海洋资源，所以要不断加大保护海洋资源和海洋生态环境的力度。

续表

学习任务	教师活动	学生活动	设计意图
海洋生态保护行动	【阅读教材，回答问题】 阅读教材P$_{83\sim85}$"海洋生态保护行动"，思考回答以下问题： （1）为保护海洋资源，世界各国的通行做法是什么？ （2）我国海洋生态环境的现状如何？目前我国主要的海洋环境风险是什么？ （3）我国大规模的围海建设项目导致的后果是什么？ （4）为了改善海洋生态环境，我国采取了哪些措施？ 【展示】 播放视频《行走海岸线：山海分界洲 碧水育珊瑚》。 过去受渔业捕捞影响，分界洲岛的海域的珊瑚礁破坏严重，后来为改善海洋生态环境，分界洲岛专门划定了珊瑚保育区，禁止渔业捕捞，同时积极投放人工鱼礁，给珊瑚提供良好的生长条件，进而让这片海域的珊瑚礁逐渐恢复生机。	学习文字资料，了解我国海洋生态环境状况以及为改善海洋生态环境，我国采取的措施。 观看视频，了解投放人工鱼礁促进珊瑚礁生长、珊瑚礁生态资源恢复关键技术等相关内容。	通过阅读、思考讨论、归纳概括形成概念。 通过观看视频，拓展学生的视野。

续表

学习任务	教师活动	学生活动	设计意图
小结	为解决水资源污染问题，实现绿水青山的环境保护目标，世界上众多国家都积极采取有效措施来防治水污染，保护水资源。 中国也积极创新水治理制度，提出通过推行河长制、湖长制治理河流，通过建立海洋自然保护区及投放人工鱼礁来治理海洋污染，为世界治理水环境贡献了中国智慧。		通过归纳总结，促进知识系统化、结构化。

贵州"碧水"行动

（一）教材分析

《贵州"碧水"行动》主要内容有贵州河长制、生态补偿机制和生态保护红线、农村污染综合治理和生态环境保护监督第三方治理制度。该部分内容是在学习完《来自海洋的呐喊》内容的基础上专门对贵州式的治水手段进行学习，不仅是本章《再现碧水清波》内容的延续，更是引导学生学习完本章内容后对贵州水资源治理方式的总结。

（二）学情分析

本节课的授课对象是高二年级的学生，学生通过之前的学习，了解了贵州属于典型的喀斯特地貌，贵州的水资源较为丰富，但对贵州水生态环境的状况了解不多。通过本节课的学习，可以让学生更全面地了解我们贵州实施的"碧水"工程以及取得的成果，学生能深刻体会到国家在保护水资源方面所做的努力，能更好地激发学生的环保意识和社会责任感。

（三）教学目标

（1）通过观看视频，了解贵州省推行河长制的做法及成效。

（2）通过小组合作探究，概述生态补偿机制的原则及生态保护红线的相关规定，培养学生解决问题的能力。

（3）通过阅读课本，认同贵州省在农村污染综合治理和生态环境保护监管方面采取的措施。

（4）了解环境污染的第三方治理制度及贵州省水环境治理的成效，树立学生的环保意识和社会责任感。

（四）教学重点、难点

1.教学重点

（1）贵州河长制。

（2）生态补偿机制和生态保护红线。

（3）以赤水河为例，学习第三方治理的方法。

2.教学难点

农村污染综合治理的方法及生态环境保护监管采取的措施。

（五）教学策略

①讲授法；②小组讨论法；③VIPP教学法。

（六）教学过程

学习任务	教师活动	学生活动	设计意图
新课导入	【创设情境】 贵州河流分属长江和珠江流域、八大水系。其中，长江流域包括赤水河、乌江、清水江、洪州河等水系，珠江流域包括南盘江、北盘江、红水河、都柳江等水系。贵州喀斯特地貌溶洞密布、地下水发达，水生态环境十分脆弱，一旦破坏，	阅读教材P$_{86}$第一、二段，了解贵州河流的基本情况，观看视频，学习省内八大水系的生态文明制度的改革，了解贵州式治水手段，认识到贵州通过实施河长制、第三方治理、生态补偿、生态保护红线、农村污染综合治理和生态环境保护监管等机制，全面提升水环境质量。	通过播放视频，激发学习兴趣，引起学生思考。

续表

学习任务	教师活动	学生活动	设计意图
	将很难治理和恢复。因此，贵州省从2016年起，实施"碧水"工程。 【展示】 播放视频《贵州新闻联播：贵州在八大流域推进生态文明制度改革》。 【提问】 贵州实施了哪些机制来治水？		
贵州河长制	【温故知新】 什么是河长制？ 2009年，贵州在三岔河进行环境保护河长制试点，之后又在贵州省其他水系推广。 【展示】 播放视频《贵州新闻联播：报告新词·贵州经验：河长制》。 2017年新修改的《中华人民共和国水污染防治法》首次将"河长制"写入其中，贵州作为试点，2009年开始在三岔河进行探索实践。2017年，河长制在贵州全面推行，已然成为河湖治理和生态保护的利剑。	阅读教材P_{86~87}"贵州河长制"，回顾河长制指由各级党政主要负责人担任河长，负责组织领导相应河流的管理和保护工作。	引导学生对上节课学习的内容进行回顾。

续表

学习任务	教师活动	学生活动	设计意图
	【活动】 想想你周边的河流和湖泊，是否都有明确的河（湖）长公示牌？对于维护河道健康，你有什么建议可以提供给河（湖）长？	观看视频，知道河长制已然成为河湖治理和生态保护的利剑。结合自己家乡的实际情况，理解并支持当地政府的保护、建设措施，并积极给河（湖）长提供建议。	引导学生关注身边的"碧水"行动，并积极为河湖治理建言献策，以提高学生的环保意识和社会责任感。
生态补偿机制和生态保护红线	【过渡】 贵州推行河长制制度，使贵州的生态环境得到了很大程度的改善。除此之外，贵州省还提出生态补偿机制，划定生态保护红线对水污染进行治理。		
	【小组合作，回答问题】 阅读教材P$_{87~88}$"生态补偿机制和生态保护红线"，小组讨论回答以下几个问题： （1）生态补偿机制的原则是什么？ （2）以清水江为例，对比实施生态补偿机制前后，水体有哪些变化？ （3）贵州省根据各流域生态环境的承载能力，做出哪些规定？	（1）阅读教材，认识到生态补偿机制的原则是"谁污染，谁治理，谁保护，谁受益"。 （2）阅读教材，了解清水江在实施生态补偿机制前，水体中污染物超标，在实施生态补偿机制后，监测到的污染物浓度两年内同比降低了30%。 （3）阅读教材，了解贵州省根据各流域生态环境的承载能力，依据生态保护相关规范性文件和技术方法，确定各流域生态保护的重要区域，划定流域生态环境质量红线，并制定流域生态保护红线区域环境准入制度与管理措施。	通过小组合作，培养学生解决问题的能力及合作探究能力，同时引导学习贵州省的管理措施，加强对相关政策法规的理解与支持。

续表

学习任务	教师活动	学生活动	设计意图
农村污染综合治理和生态环境保护监管	【过渡】 保护生态环境，减少水资源污染，除了以上的解决办法外，还需从源头上去控制污染源，做到农村污染综合治理和生态环境保护监管。		
	【阅读课本，回答问题】 阅读教材P₈₈"农村污染综合治理和生态环境保护监管"，回答以下问题： （1）贵州省如何对农村污染进行综合治理？ （2）贵州省针对生态环境保护监管采取了哪些措施？ （3）污水处理的方法有哪些？请进行简单解释。	（1）阅读教材，认识到贵州省通过调整传统农业产业结构及因地制宜处置农村生活污水和垃圾来综合治理农村污染。 （2）阅读教材，了解贵州省针对生态环境保护监管，采取了建立流域水体中主要污染物总量管控制度，建立和完善污染物排污许可制度，对超标、超总量排放污染物和没有排污许可证的企事业单位加大惩罚力度等措施。 （3）阅读教材，了解污水处理方法可以分为物理、化学、生物三种方法。	学习文字资料，了解贵州在农村污染综合治理和生态环境保护监管方面实施的措施。
第三方治理制度	【过渡】 专业的事情让专业的人来做，根据"谁污染，谁治理"的原则，引入了第三方污染治理产业，用市场化的机制，使污染得到专业化的治理。		
	【阅读课本，回答问题】 阅读教材P₈₈~₈₉"第三方治理制度"，阐述赤水河采用第三	阅读教材，认识到贵州在治理赤水河时，采取两步走的方法，一方面排污单位可以将	

续表

学习任务	教师活动	学生活动	设计意图
	方治理的具体方法。 　　经过治理，贵州赤水河流域水环境得到了很大的改善，接下来我们通过观看视频了解一下。 　　【展示】 　　播放视频《贵州新闻联播：赤水河治理取得阶段性成果》。 　　赤水河从以前部分流域Ⅳ类水质，到如今整体水质Ⅲ类以上，出、入境水质达Ⅱ类，治理取得了阶段性的成果。贵州省对赤水河的整治过程，就是生态文明制度的建设探索过程，对我们今后持续推进生态文明建设和生态环境保护工作提供了参考。	污染治理设施进行社会化运作，鼓励专业化的污染治理公司承接治污设施的运营工作；另一方面，将监控设施运营与治理污染设施运营剥离，监控由政府主导。 　　观看视频，了解贵州赤水河流域水环境治理在第三方治理制度指导下取得阶段性成果。	学习文字资料及观看视频，了解第三方污染治理的方法，加强对相关政策措施的理解与支持。
小结	总之，贵州省在结合本省实际情况下，积极运用河长制、第三方治理、生态补偿、生态保护红线等机制，全面提升水环境质量。 　　2018年，贵州省纳入国家《水十条》考核的55个地表水水质优良率达96.4%，居全国第二位。全省城镇污水处理率达到90.5%，全省主要河流水质总体为优。贵州省的河湖水质开始明显改观，山清岸绿的贵州变得越来越美。		通过归纳总结，促进知识系统化、结构化。

第四章 捍卫蓝色天空

　　青山绿水之上是湛蓝的天空，人类的生存和发展离不开清洁的空气，人类的生产生活改变了天空的颜色，而天空颜色的改变会影响人类的活动，威胁人类的生存和发展。

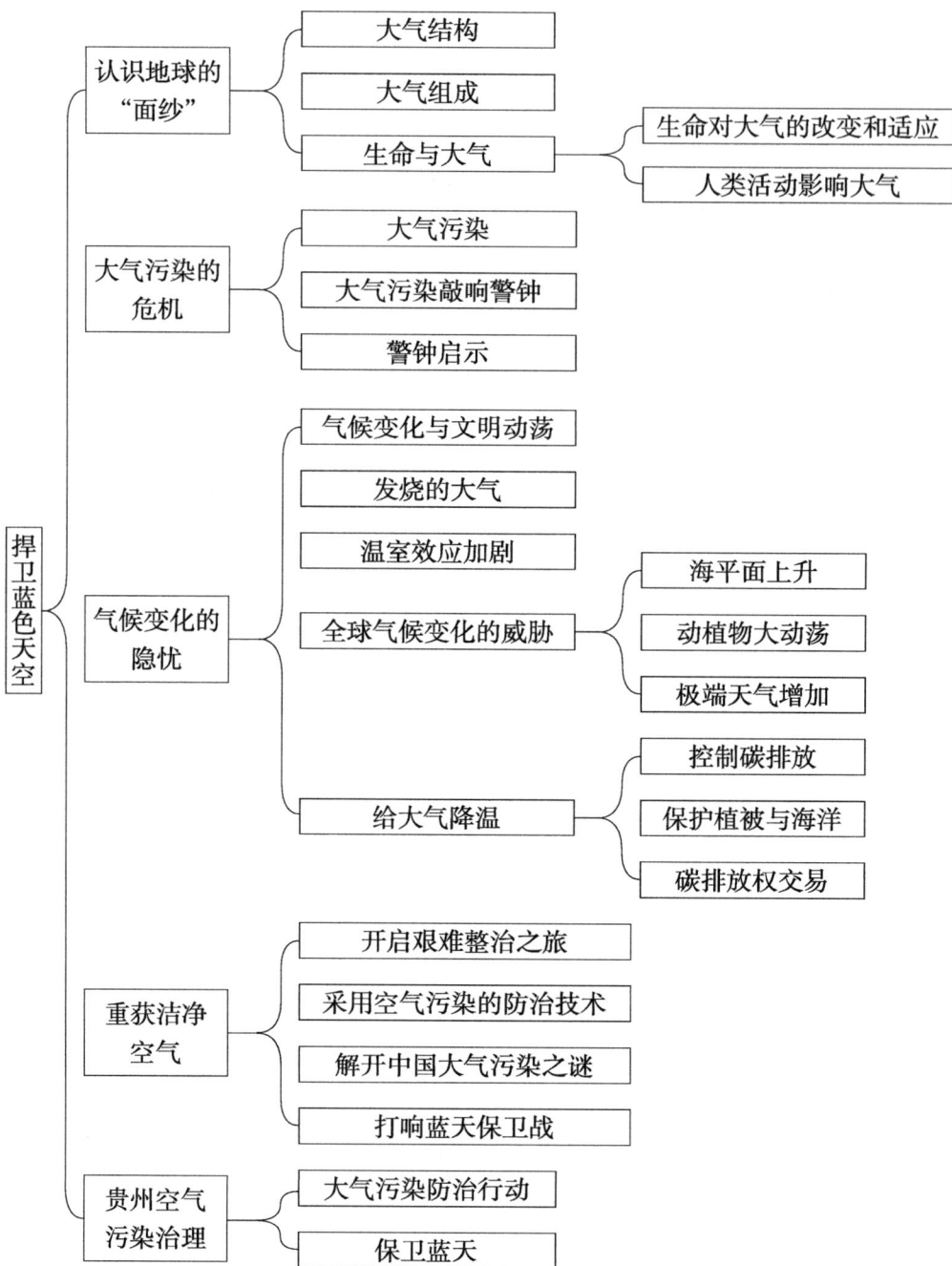

一、内容结构

```
捍卫蓝色天空
├─ 认识地球的"面纱"
│   ├─ 大气结构
│   ├─ 大气组成
│   └─ 生命与大气
│        ├─ 生命对大气的改变和适应
│        └─ 人类活动影响大气
├─ 大气污染的危机
│   ├─ 大气污染
│   ├─ 大气污染敲响警钟
│   └─ 警钟启示
├─ 气候变化的隐忧
│   ├─ 气候变化与文明动荡
│   ├─ 发烧的大气
│   ├─ 温室效应加剧
│   ├─ 全球气候变化的威胁
│   │    ├─ 海平面上升
│   │    ├─ 动植物大动荡
│   │    └─ 极端天气增加
│   └─ 给大气降温
│        ├─ 控制碳排放
│        ├─ 保护植被与海洋
│        └─ 碳排放权交易
├─ 重获洁净空气
│   ├─ 开启艰难整治之旅
│   ├─ 采用空气污染的防治技术
│   ├─ 解开中国大气污染之谜
│   └─ 打响蓝天保卫战
└─ 贵州空气污染治理
    ├─ 大气污染防治行动
    └─ 保卫蓝天
```

二、设计思路

（一）章首页设计意图

本章首页引用明代诗人王宠的诗句"锦甸平铺鸭绿水，白云飞动蔚蓝天"，有承上启下的作用，将学生从第二章守护生灵的家园和第三章珍爱生命源泉的思绪带向本章捍卫蓝色天空的学习。

青山绿水之上是干净、澄澈的蓝色苍穹，人类的发展改变了蓝天的颜色，改变了迎面吹拂的风，烟重雾浓，变得喜怒无常。这一切发生的原因是什么？是高高耸立的烟囱排出了滚滚浓烟？还是隆隆作响的机器喷出灰黄的尘雾？为什么落下的雨滴将树木的枝叶侵蚀殆尽？为什么那灼热的高温空气将世界炙烤？创设情境引发学生思考，点出学习的重点，道出本章的主题。

章首页插图为天空，蓝色、干净、澄澈，具有烘托强化本章主题和引言要旨的作用，激发学生兴趣、愉悦阅读心情。

（二）内容安排特点

本章标题为《捍卫蓝色天空》，学生在初中已经学习过大气的一些内容，怎么让学生理解为什么要保卫蓝色天空，如何保护蓝色天空，贵州如何进行空气污染治理的，是本章要解决的重点知识。

《认识地球的面纱》介绍了大气的结构、大气的组成和生命与大气的关系。《大气污染的危机》介绍了大气污染的概念和等级划分、大气污染物的来源以及大气污染对生产生活的影响。《气候变化的隐忧》介绍了人类活动对气候变化的影响以及这种变化对自然环境和人类生存的影响。在此基础上，水到渠成引入《重获洁净空气》，指出空气污染防治是人类生存和发展的必然选择。《贵州空气污染治理》结合贵州经济发展介绍了贵州在空气污染治理方面的努力和贡献。

三、核心素养侧重点

（一）生态文明理念

通过学习大气的结构和组成，了解大气与人类生产生活的关系，理解生命对大气的改变和适应以及人类活动对大气的影响，大气污染物的主要来源及对人类生产生活的影响，概述气候变化与文明动荡，概述气候变暖的基本事实，说出气候变暖及温室效应加剧的原因。帮助学生形成绿水青山就是金山银山、尊重自然、顺应自然、保护自然以及绿色发展、循环发展、低碳发展的生态文明观念。

（二）人地协调观

通过本章学习，学生能够正确认识大气环境与人类活动的相互影响，知道人类的生产活动能改变大气的组成，造成环境污染，气候的变化也会影响人类的生产和健康。理解人们对人地关系认识的阶段性表现及其原因，认同人地协调对可持续发展具有重要意义，形成尊重自然、和谐发展的观念。

（三）生命观念

分析探讨人类活动对自然生态系统动态平衡的影响及人工生态系统带来的经济、生态和社会效益。依据生态学原理，保护环境是人类生存和可持续发展的必要条件，尝试提出人与环境和谐共处的合理化建议。认识到全球气候变化、臭氧层破坏、酸雨和环境污染等全球性环境问题对生物圈的稳态造成了威胁，同时也对人类的生存和可持续发展造成负面影响。

（四）社会责任

通过本章的学习，学生能以造福人类的态度和价值观，积极运用所学知识和方法，关注大气污染与防治议题，参与讨论并作出理性解释，辨别迷信和伪科学；结合本地资源开展科学实践，尝试解决现实生活问题；树立和践行"绿水青山就是金山银山"的理念，形成生态保护意识，参与环境保护实践；主动向他人宣传关爱生命的观念和知识，崇尚健康文明的生活方式，成为健康中国的促进者和实践者。

四、与学生经验的联系

本章内容与学生的学习经验和生活经验都有密切的联系。本节课的教学对象是高二年级的学生，通过高一地理的学习，学生基本了解了地球的外部圈层，对大气圈有了一定的认识；通过高一生物的学习，学生意识到不同物种之间、生物与无机环境之间在相互影响中不断进化和发展。但是学生对人类生产生活与大气之间的关系认识不足，没有形成尊重自然、顺应自然、保护自然的生态文明理念。学生能够初步理解气候是处在变化中的，气候变化对地球上的生物生存产生一定的影响，但对气候变化时间轴线与文明发展时间轴线的关系理解不深，没有形成绿色生产、生活、消费的文明健康生活方式，没有形成人与自然和谐共生的格局。

五、与其他章节的联系

第一章《探寻文明的足迹》介绍了文明的诞生与发展过程，提出自然生态环境孕育文明，也被文明影响的理念，强调进行生态文明建设的必要性。第二章《守护生灵家园》从"青山"的维度开展生态文明建设，第三章《珍爱生命源泉》从"绿水"的维度开展生态文明建设，本章《捍卫蓝色天空》从"蓝天"的维度开展生态文明建设，"青山""绿水"和"蓝天"三位一体完善生态文明建设的维度，为进一步介绍第五章《走向生态文明》的学习打下基础。

六、教学建议

本章教学内容建议安排5课时，每课时完成1部分教学内容。为了突破章节重点和难点，教师应留足时间让学生阅读、思考，在课堂上借助新闻资讯、视频、图片等直观教学素材，必要时组织学生分享、讨论，以加强认识。

（一）第一课时

1.创设情景，导入新课

在第一课时，教师先播放视频，介绍J20飞机飞行员装备中飞行服装和氧气面罩的结构，启发学生思考：飞行头盔为什么要有氧气面罩？为什么需要调温服？通过观看视频后提问引发学生兴趣，引入大气结构和组成的学习。

2.大气的结构和组成

收集视频，提问引导学生自我阅读了解大气的结构。通过观看视频，让学生了解我国航天技术的飞速发展，激发学生的探究兴趣。通过观察身边的现象，从直接经验入手，引起学生的学习兴趣，并让学生思考日常现象背后的原因，引出大气各层的特点及与人类生产生活的联系。

3.生命与大气

通过观看视频和阅读教材，让学生了解到生物的进化与地球上大气变化的历程密切相关，认识到人类活动对大气的影响。例如播放《蝴蝶与兰花》的视频，展示地球环境变化与生物进化的关系；播放视频《雾霾之痛，全球之痛》让学生认识到生命对大气的改变和适应以及人类活动对大气的影响。

（二）第二课时

1.创设情景，导入新课

播放视频《室内抽烟对空气质量的影响》。引导学生观看视频，提问：抽烟前后，室内环境$PM_{2.5}$数值分别是多少？抽烟对人体的危害有哪些？以生活中的热点问题"抽烟"吸引学生兴趣，调动学生学习的主动性。

2.大气污染及污染物的来源

引导学生阅读、理解教材大气污染的概念。让学生明白大气污染是指由于人类活动或者自然过程引起某些物质进入大气中，呈现足够的浓度，达到足够的时间，并因此危害了人体舒适、健康和福利或者环境的现象。学生观察图片，思考回答问题，归纳空气质量指数及其级别、类别和表示颜色，以及不同级别空气质量对生命健康的影响。

3.酸雨的产生及对生产生活的影响

收集有关酸雨的视频和文字资料，引导学生观看视频，阅读材料，了解到酸雨形成的主要原因是燃烧含硫量高的煤以及汽车尾气，酸雨会刺激人的眼睛和皮肤，污染食物。

4.大气污染敲响的警钟和警钟启示

收集工业革命以来世界各地发生的空气污染事件的视频和文字资料，引导学生思考大气污染对人类生产和健康的影响。通过对大气污染事件的分析和理解，大气污染产生的过程为：大气污染物排放→逆温层出现→污染物蓄积→人类生产生活受到影响。面对大气污染我们要使大众对大气污染的认识加深，制订方案，调整生产和生活方式，从历史中吸取教训，在实践中积极改变。

（三）第三课时

1.创设情景，导入新课

播放视频，引导学生观看视频。以习近平总书记2021年10月25日发言"气候变化是大自然对人类敲响的警钟"吸引学生兴趣，调动学生学习的主动性。

2.气候变化与文明动荡

教师收集和展示气候变化与文明动荡的资料，例如展示资料：加州大学戴维斯分校等机构的科学家对比降雨记录与玛雅人的石刻记载后发现，在公元440年到660年间的强降雨期，玛雅人口迅速膨胀，文明也普遍繁荣。这一时期之后则是常年干旱，导致农业生产力下降，并引发社会分裂和政治崩溃。让学生了解到气候突然变化时，社会往往会发生动荡，饥荒导致人口减少，失去正常社会秩序，进而发生战争，只有安全地渡过这些危机，文明才能顽强地延续下来。

3.发烧的大气和温室效应

播放视频《1850—2018全球平均气温》与《1951至2018年中国平均气温变化》视频，总结全球气温变化的特点。以气温升高为重要特征的全球气候变化，其原因主要是人类的生产和生活活动，其中对气候变化影响最大的就是温室效应。

3.全球气候变化的威胁及给大气降温

引导学生阅读教材，分析全球气候变化对自然环境及人类的影响，构建解释模型。面对全球气候变化的危机，人类需要通过控制碳排放、保护植被与海洋、开发可再生能源和碳排放交易以降低气温升高的速度。

（四）第四课时

1.创设情境，导入新课

播放视频《世卫组织：中国积极作为治理空气污染》创设情境。引导学生了解大气污染对人类健康的重大危害，认同落实《巴黎协定》对大气污染防治的重要意义以及中国在治理空气污染方面起到的积极作用。

2.开启艰难整治之旅

收集全球空气污染治理的视频和文字资料，引导学生观看和阅读。让学生认识到空气污染防治的有效措施有：加强宣传，让公众认识到空气污染是人类活动造成的；加强立法，重视环境保护，改善和规范生产和生活方式；增加财政投入，大力发展公共交通，鼓励市民绿色出行；推行绿色能源；选择健康文明的生活方式。

3.大气污染形成的原因及打响蓝天保卫战

收集发生在身边的空气污染事件视频和文字资料，如《京津冀空气污染，"破案了"》。引导学生了解大气污染的主要原因，认识到我国大气污染的成因及污染物来源复杂、治理困难，必须全国一起行动，实施联防联控，打响蓝天保卫战。

（五）第五课时

1.创设情境，导入新课

收集和播放有关贵州空气质量的视频，吸引学生兴趣，激发思考，引入新课，如播放2014年习近平参加贵州代表团审议的视频。引导学生认识到保护生态环境就是保护生产力，绿水青山和金山银山绝不是对立的，关键在人，关键在思路。

2.贵州空气污染现状

收集和展示最近一年贵州空气质量的视频和文字资料，引导学生观看、阅读、思考讨论、归纳概括形成概念。贵州环境空气质量总体优良，二氧化硫、二氧化氮、可吸入颗粒物（PM_{10}）和一氧化碳等4项污染指标浓度均达到了一级标准。

引导学生认识到焚烧纸钱、冥物和燃放烟花爆竹会污染空气，倡导文明祭祀，减少空气污染，以免危害群众身体健康。对"整而不改"排放大量的有害气体，危害人类身体健康，破坏生态环境的现象，加大监督和整治力度，提供监督整治技术支持。

3.防治大气污染贵州在行动

收集和展示贵州在大气污染防治工作方面的政策和文件，引导学生了解防治的总体目标、具体措施和防治效果。

七、课后思考与实践提示

认识地球的"面纱"

1.第一个问题的提示

根据温度、密度、大气运动状况，大气从近地面向上可分为对流层、平流层、中间层、热层和散逸层。

2.第二个问题的提示

固体杂质能够吸收太阳辐射，削弱到达地面的太阳辐射，缓冲地面辐射冷却，部分补偿地面因长波有效辐射而失去的热量，减少昼夜温差；固体杂质能够充当水汽的凝结核，加速大气成云致雨的过程。如果没有固体杂质，昼夜温差会变大，云、雾、降水受影响，会导致人们身体不舒服，如易中暑、头晕、皮肤病等。

3.第三个问题的提示

略。

大气污染的危机

1.第一个问题的提示

人对空气的感受受到空气温度、空气湿度、大气压强和日照强弱等方面的影响。例如，让人体在室内感觉舒适的最佳相对湿度是49%~51%，相对湿度过高或者过低，人体都会感到不适。

2.第二个问题的提示

案例1：1930年比利时马斯河谷烟雾事件。1930年12月1日开始，整个比利时由于气候反常被大雾笼罩。在马斯河谷还出现逆温层。到了第3天，河谷地段的居民有几千人出现呼吸道疾病症状，63人死亡，为同期正常死亡人数的10.5倍。

发生的原因：不利的气候条件，出现逆温层；工厂烟囱排出大量二氧化硫气体和三氧化硫烟雾。

案例2：1952年12月5日至8日，一场灾难降临了英国伦敦。地处泰晤士河河谷地带的伦敦城市上空处于高压中心，一连几日无风，风速表读数为零。大雾笼罩着伦敦城，又值城市冬季大量燃煤，排放的煤烟粉尘在无风状态下蓄积不散，烟和湿气积聚在大气层中，致使城市上空连续四五天烟雾弥漫，能见度极低。由于大气中的污染物不断积蓄，不能扩散，许多人都感到呼吸困难，眼睛刺痛，流泪不止。仅仅4天时间，死亡人数就达4000多人。两个月后，又有8000多人陆续丧生。

发生的原因：不利的气候条件，地处高压中心，一连几日无风；城市冬季大量燃煤，排放的大量煤烟粉尘不断蓄积。

大气污染发生的共性：不利的气候条件和污染物的大量排放。

气候变化的隐忧

1.第一个问题的提示

温室气体包括二氧化碳、甲烷、一氧化氮等。生活中化石燃料的燃烧排放二氧化碳；畜牧业会产生甲烷和氮氧化物。

2.第二个问题的提示

以气温升高为主要特征的全球气候变化，其成因主要是人类的生产和生活活动。全球气候变化对身边环境的影响：海平面上升，动植物大动荡，极端天气增加等。

3.第三个问题的提示

为了减少温室气体的排放，我们可以多使用自然光；科学用电脑，节电效果好；纸张双面用；绿色低碳出行；减少食物浪费等。

重获洁净空气

1.第一个问题的提示

10 508 013吨标准煤。

2.第二个问题的提示

制定大气污染综合治理法律法规；开展工业、燃煤及面源污染，扬尘、机动车尾气污染和生态增容等专项治理；在政策、资金、科技等方面加大能源的支持力度。

贵州空气污染治理

1.第一个问题的提示

略。

2.第二个问题的提示

贵州实施"保卫蓝天"的行动以来，空气质量改善效果显著。2020年1—12月，全省9个中心城市环境空气质量平均优良天数比率为99.2%，同比上升1.2个百分点，环境空气质量均达到国家规定的二级标准；2020年12月，全省9个中心城市环境空气质量平均优良天数比率为94.9%，同比上升2.1个百分点。

八、教学设计案例

认识地球的"面纱"

（一）教材分析

《认识地球的"面纱"》是学生学习《大气污染的危机》《气候变化的隐忧》《重获洁净空气》以及《贵州空气治理》的基础。

（二）学情分析

本节课的教学对象是高二年级的学生，通过学习高一地理，学生基本了解了地球的外部圈层，对大气圈有了一定的认识；通过高一生物的学习，学生意识到不同物种之间、生物与无机环境之间在相互影响中不断进化和发展。但是学生对人类生产生活与大气之间关系认识不足，没有形成尊重自然、顺应自然、保护自然的生态文明理念。

（三）教学目标

（1）概述大气在垂直方向上的分层，说出各层的特点以及与人类生产生活的关系；概述大气的组成及作用。

（2）概述生命对大气的改变和适应以及人类活动对大气的影响。

（3）初步形成尊重自然、顺应自然、保护自然的生态文明理念，努力形成人与自然和谐相处的思想观念。

（四）教学重点、难点

1.教学重点

大气在垂直方向上各层的特点以及与人类生产生活的关系。

2.教学难点

生命对大气的改变和适应以及人类活动对大气的影响，引导学生形成生态文明观念。

（五）教学策略

①讲授法；②小组讨论法；③VIPP教学法。

（六）教学过程

学习任务	教师活动	学生活动	设计意图
新课导入	播放视频《建军90周年J20飞机飞行》。在庆祝中国人民解放军建军90周年阅兵式上，3架中国空军歼20重型隐身战斗机组成箭形编队亮相，再次成为国内外关注的焦点之一。 【提问】 飞行头盔为什么要有氧气面罩？为什么需要调温服？	观看视频，思考回答问题。学生意识到大气随高度的不同表现出不同的特点。	以J20为切入点导入新课，激发学生兴趣和探索欲望，调动学生学习的主动性。
大气结构	【过渡】 　　整个大气随高度的不同表现出不同的特点，物理和化学性质发生着很大的变化。根据温度、运动状况和密度，大气自下而上可以划分为对流层、平流层、中间层、热层和散逸层。		
	播放视频《嫦娥返回大气层：嫦娥五号返回大气层类似"打水漂"》。飞行器以很高的速度返回大气层时，与大气摩擦产生2000℃左右的高温，使返回器周围形成等离子体，屏蔽了电磁波，就会与地面的通信联络暂时中断，这样的一段大气层空间就叫黑障区。		通过视频，让学生了解我国航天技术的飞速发展，激发学生的探究兴趣。同时，通过探究问题，培养学生读图、析图及归纳、表达的能力。

续表

学习任务	教师活动	学生活动	设计意图
	【提问】 （1）飞船穿越大气层经过哪几层大气分层？ （2）各层气温如何变化？ （3）各层与人类生产生活有何关系？	观看视频，阅读教材P₉₁~₉₂"大气结构"，认识到飞船返回地球经过散逸层、热层、中间层、平流层和对流层。 对流层和中间层气温随高度升高而下降。热层温度随高度升高而升高。 对流层有复杂、多变的天气现象。平流层利于飞行。高层大气空气有若干电离层，能反射无线电波，对无线电通信有重要作用。	通过身边的现象，从直接经验入手，引起学生的学习兴趣，并让学生思考日常现象背后的原因，引出大气各层的特点及与人类生产生活的联系。
	【过渡】 各层大气由于热量来源不同，气温垂直变化存在差异。而气温垂直变化的差异又决定了大气的运动形式存在差异。		
大气组成	教师播放视频《奇妙的星球：大气的作用》。引导学生观看视频，阅读教材P₉₂~₉₃"大气组成"。 【提问】 （1）低层大气由哪些部分组成？ （2）干洁空气是指什么？干洁空气的主要成分是什么？	学生观看视频，结合教材，完成学习任务。回答问题： （1）低层大气由水汽、杂质、干洁空气组成。 （2）干洁空气是低层大气中除去水汽和杂质以外的混合气体。	培养学生自主学习能力。

续表

学习任务	教师活动	学生活动	设计意图
生命与大气	【展示】 　地球环境变化与生物进化。地球上的原始大气中是没有氧气的，因此，最早出现的生物都是厌氧的。最早的光合生物的出现，使得原始大气中有了氧气，为需氧生物的出现创造了前提条件。氧气的产生也促进臭氧及臭氧层的形成，臭氧层吸收了大量紫外线，为陆生生物的出现创造了条件。 　【提问】 　地球上大气的变化历程与生物进化的关系？	通过阅读教材P$_{93\sim95}$"生命对大气的改变和适应"，学生认识到：没有氧气的地球生活着厌氧型的生物；蓝藻等进行光合作用的生物使大气中氧气增多，进化出需氧型的生物，植物和动物开始出现。 　学生认识到，生物的进化与地球上大气演化的历程密切相关。	学生阅读教材，归纳总结，形成概念，培养学生自主学习的能力。 　引导学生通过了解大气环境与人类生产生活的关系，不断形成尊重自然、顺应自然、保护自然的生态文明理念，努力形成人与自然和谐相处的思想观念。

续表

学习任务	教师活动	学生活动	设计意图
	播放视频《雾霾之痛，全球之痛》。19世纪初，有"世界工厂"之称的伦敦，每年四分之一的时间都笼罩在雾霾之中。当时的英国作家狄更斯把空气中飘浮的浓雾状的煤灰比喻成"鹅毛大雪"。可想而知当时的雾霾有多严重。如今尽管发达国家治霾成效显著，但在很多地方仍然有卷土重来的趋势，越来越多的发展中国家也正遭受雾霾的侵袭。 【提问】 观看视频，结合教材 $P_{95\sim96}$ "人类活动影响大气"，提出问题：人类活动是如何影响大气的？	学生观看视频，阅读教材，归纳总结，认识到人类的活动会影响大气。例如，1952年发生的伦敦烟雾事件主要是因为当时伦敦能源主要是煤炭，燃煤产生的二氧化硫、粉尘等物质形成酸雾。而洛杉矶光化学烟雾事件主要污染物是汽车尾气排放物。	阅读、分析、归纳和总结，形成概念，认识到人类活动对大气的影响。
小结	本节课我们学习了大气的分层和组成，认识到地球上多姿多彩的生命活动与大气密切相关，大气影响人类的身心健康，人类活动影响大气，如果不对大气污染进行治理与控制，将会带来灾难性的后果。		

大气污染的危机

（一）教材分析

《大气污染的危机》内容承上启下，是《认识地球的"面纱"》的延续，对于后续知识的建构有着重要的意义。

（二）学情分析

本节课的教学对象是高二年级的学生，通过学习《认识地球的"面纱"》学生初步了解了大气圈层的结构，在教师的引导下能够较为容易地建构大气污染的概念，在阅读、分析、讨论与分享交流中能够水到渠成地形成尊重大气、保护大气的生态文明意识。

（三）教学目标

（1）概述大气污染，说出大气污染物的主要来源及对人类生产生活的影响。

（2）初步形成尊重大气，保护大气的生态文明理念。

（四）教学重点、难点

1.教学重点

大气污染的概念。

2.教学难点

大气污染物的主要来源及对人类生产生活的影响。

（五）教学策略

①讲授法；②小组讨论法；③VIPP教学法。

（六）教学过程

学习任务	教师活动	学生活动	设计意图
创设情景引入新课	【创设情景】 播放视频《家庭室内吸烟对孩子的危害有多大》。引导学生观看视频，让学生了解室内抽烟对空气质量的影响。 【提问】 吸烟前后，室内环境PM$_{2.5}$数值分别是多少？吸烟对人体的危害有哪些？	观看视频，提取视频中的信息，思考、讨论回答问题。	以生活中的热点问题"吸烟"吸引学生兴趣，调动学生学习的主动性。
大气污染	【过渡】 每时每刻，我们都在呼吸。在这个过程中，我们的身体细胞无法避免地会与空气中的所有成分接触，包括那些对我们身体有害的物质。大气污染就成为我们必须面对的问题。什么是大气污染呢？生活中我们可以从哪些渠道了解空气污染的状况？		
	【概念初识】 引导学生阅读、理解教材P$_{97~98}$大气污染的概念。大气污染是指由于人类活动或者自然过程引起某些物质进入大气中，呈现足够的浓度，达到足够的时间，并因此危害了人体舒适、健康和福利或者环境的现象。	阅读、理解教材上大气污染的概念，通过思考、交流与讨论，了解生活中大气污染的渠道。	通过阅读、思考讨论、归纳概括形成概念。

续表

学习任务	教师活动	学生活动	设计意图
	【展示图片】 网络展示当日全国环境空气质量预报图。 【问题导引】 （1）空气质量指数有哪些级别？ （2）空气质量指数有哪些类别？ （3）空气质量指数用哪些颜色表示？ （4）空气质量对生命健康有哪些影响？	学生观察图片，思考回答问题，归纳空气质量指数及其级别、类别和颜色以及对生命健康的影响。	

【归纳总结】

空气质量指数及相关信息				
级别	类别及颜色		对健康影响情况	建议采取的措施
一级	优	绿色	空气质量令人满意，基本无空气污染。	各类人群可正常活动。
二级	良	黄色	空气质量可接受，但某些污染物可能对极少数异常敏感人群健康有较弱影响。	极少数异常敏感人群应减少户外活动。
三级	轻度污染	橙色	易感人群症状有轻度加剧，健康人群出现刺激症状。	儿童、老年人及心脏病、呼吸系统疾病患者应减少长时间、高强度的户外锻炼。

续表

学习任务	教师活动	学生活动	设计意图

空气质量指数及相关信息			
级别	类别及颜色		对健康影响情况	建议采取的措施
四级	中度污染	红色	进一步加剧易感人群症状，可能对健康人群心脏、呼吸系统有影响。	儿童、老年人及心脏病、呼吸系统疾病患者避免长时间、高强度的户外锻炼，一般人群适量减少户外运动。
五级	重度污染	紫色	心脏病和肺病患者症状显著加剧，运动耐受力降低，健康人群普遍出现症状。	儿童、老年人和心脏病、肺病患者应停留在室内，停止户外运动，一般人群减少户外运动。
六级	严重污染	褐红色	健康人群运动耐受力降低，有明显强烈症状，提前出现某些疾病。	儿童、老年人和病人应当留在室内，避免体力消耗，一般人群应避免户外活动。

【过渡】

空气质量指数对于指导人类的生产生活有着积极的意义，不同的空气质量指数对人类的身体健康有着不同的影响，导致空气质量指数出现差异的原因是什么？

【指导学生阅读资料】 组织学生阅读教材P$_{98\sim101}$，思考回答如下问题：	大气污染物部分来自自然事件，部分来自人类活动。 大气污染物主要有硫氧化物、	通过阅读、思考讨论、归纳概括形成概念。

续表

学习任务	教师活动	学生活动	设计意图
	（1）大气污染物从哪里来？ （2）大气污染物主要有哪些种类？ （3）人类哪些生产活动会产生大气污染物？ （4）大气污染物对人体健康有何影响？	氮氧化物、碳氧化物等。它们来自化石燃料的燃烧、硫化物矿石的焙烧和冶炼、燃煤燃油工业。 　　硫氧化物会引起支气管类疾病，氮氧化物会引起哮喘和肺气肿，挥发性有机化合物可能致癌。	
	【过渡】 　　我国的大气污染物排放总量呈现逐年降低的趋势，部分污染较为严重的城市空气质量有所好转，达标城市空气质量有所提高，但是大气污染物排放量居高不下，污染还很严重，对无机环境、动植物及人类产生不良的影响。		
	【阅读资料】 　　播放视频《酸雨之都的蝶变》。阅读教材P$_{99}$"酸雨"，思考回答如下问题： （1）什么是酸雨？ （2）酸雨形成的主要原因有哪些？ （3）酸雨对人的身体健康有何影响？	（1）酸雨是指雨、雪等在形成和降落的过程中，吸收并溶解了空气中的二氧化硫、氮氧化物等物质，形成pH低于5.6的酸性降水。 （2）酸雨形成的主要原因是燃烧含硫量高的煤以及汽车排放尾气。 （3）酸雨会刺激人的眼睛和皮肤，污染食物。	通过阅读、思考讨论、归纳概括形成概念。

续表

学习任务	教师活动	学生活动	设计意图
大气污染敲响警钟	**【过渡】** 　　自20世纪以来，工业蓬勃发展，在生产力爆发的图景背后，酝酿着难以估量的危机。在经历了多起严重的大气污染事件，生命、财产遭受到巨大损失后，人类逐渐认识到大气污染的可怕。		
	播放视频《雾霾之痛，全球之痛》。阅读教材P_{101~102}，分析马斯河谷烟雾事件与伦敦烟雾事件，回答问题。 **【提问】** 　　（1）导致该事件发生的主要污染物是什么？ 　　（2）逆温层出现的原因是什么？ 　　（3）两次事件对人类的生产生活产生什么影响？	（1）导致马斯河谷烟雾事件与伦敦烟雾事件的主要污染物是煤烟粉尘、硫氧化物和氮氧化物。 　　（2）逆温层出现的原因是阳光照射大气上层的污染物，导致上层气温比下层气温高。逆温层影响空气对流。 　　（3）污染物在近地空气中大量蓄积，人们呼吸困难、眼睛刺痛，哮喘等呼吸道疾病增多，死亡率增加。	通过阅读、思考讨论大气污染事件，加深对概念的理解。
	组织学生阅读教材P₁₀₃，分析洛杉矶光化学烟雾事件，回答问题。 **【提问】** 　　（1）导致该事件发生的主要污染物是什么？ 　　（2）该事件对人类的生产生活产生什么影响？	洛杉矶光化学烟雾事件主要污染物是碳氢化物、氮氧化物、一氧化碳。逆温层出现导致污染物蓄积，对人的影响是导致眼睛发红、咽喉疼痛、呼吸憋闷，头昏、头疼，老年人因呼吸衰竭而死亡增多。	

续表

学习任务	教师活动	学生活动	设计意图
	组织学生阅读教材P_{103~105}，分析雾霾事件，回答问题。 【提问】 导致雾霾产生的主要污染物是什么？对人类生产生活有何影响？	导致雾霾产生的主要污染物是$PM_{2.5}$和PM_{10}。雾霾会加重呼吸道疾病和诱发肺癌；堵塞农作物气孔，影响其光合作用。	
警钟启示	【过渡】 通过对大气污染事件的分析，理解大气污染产生的过程如下：大气污染物排放→逆温层出现→污染物蓄积→人类生产生活受到影响。面对大气污染我们能够做些什么呢？		
	【提出问题】 阅读教材P_{105~106}"警钟启示"，思考讨论如下问题：面对大气污染，我们能做些什么？	推动大众对大气污染的认识；制定方案，调整生产和生活方式；从历史中吸取教训，从实践中积极改变。	归纳总结，形成保护大气的意识。
小结	大气污染是指由于人类活动或者自然过程引起某些物质进入大气中，呈现出足够的浓度，达到足够的时间，并因此危害了人体的舒适、健康和福利或环境的现象。工业革命以来，发生了多起严重的大气污染事件，造成巨大的生命、财产损失，为我们敲响了警钟，带给我们启示，要关注大气污染的源头，从历史中吸取教训，在实践中积极改变。		

气候变化的隐忧

（一）教材分析

学生之前学习了《认识地球的"面纱"》和《大气污染的危机》，认识了大气的基本结构、大气污染对动植物的影响。《气候变化的隐忧》进一步从宏观上探讨气候变化对人类文明的影响。

（二）学情分析

本节课的教学对象是高二年级的学生，通过对高一地理学、历史学及生物学知识的学习，学生能够初步理解气候是处在变化中的，气候变化对地球上的生物生存产生一定的影响。但对气候变化时间轴线与文明发展的时间轴线之间的关系理解不深，还需要进一步形成绿色生产、生活、消费的文明健康生活方式以及人与自然和谐共生的格局。

（三）教学目标

（1）概述气候变化与文明动荡的实例。
（2）概述气候变暖的基本事实。
（3）说出气候变暖及温室效应加剧的原因。
（4）初步形成绿色生产、绿色生活及绿色消费的文明健康生活方式，形成人与自然和谐共生的格局。

（四）教学重点、难点

1.教学重点

（1）气候变化与文明动荡相关联的实例。
（2）概述气候变暖的基本事实。

2.教学重点

说出气候变暖及温室效应加剧的原因。不断形成绿色生产、绿色生活及绿色消费的文明健康生活方式，形成人与自然和谐共生的格局。

（五）教学策略

①讲授法；②小组讨论法；③VIPP教学法。

（六）教学过程

学习任务	教师活动	学生活动	设计意图
创设情景引入新课	【创设情景】 播放视频《全球自然灾害频发，敲响气候变化警钟》。2021年，全球多地遭遇山火、洪水等自然灾害侵袭，其中很多灾害跟气候变化密切相关。联合国2021年8月发布的报告，再次就气候变化所造成的恶劣影响向人们敲响警钟。 【提问】 气候变化的原因是什么？	观看视频，提取视频中的信息，思考、交流讨论，回答问题。	通过视频吸引学生兴趣，调动学生学习的主动性。

续表

学习任务	教师活动	学生活动	设计意图
	【过渡】 　　在过去的74万年中，地球有8个冰川期和8个间冰期。冰川期，地球表面大部分陆地和海洋被冰雪覆盖，天寒地冻，没有季节之分。目前地球处在间冰期，文明蓬勃发展，然而这背后隐隐浮现着危机的身影。		
气候变化与文明动荡	【展示】 　　材料：加州大学戴维斯分校等机构的科学家对比降雨记录与玛雅人的石刻记载发现，在公元440年到660年间的强降雨期，玛雅人口迅速膨胀，文明也普遍繁荣。这一时期之后则是常年干旱，导致农业生产力的下降，并引发社会分裂和政治崩溃。 【提问】 　　该材料说明气候变化与文明兴衰有何关系？ 　　阅读、分享:《史记》载"昔伊洛竭而夏亡，河竭而商亡"。阅读教材P₁₀₈"气候变化与文明动荡"，从气候变化和文明动荡的角度谈谈你对这句话的理解。	学生阅读材料和教材，归纳、思考并回答问题。气候突然变化时，社会往往会发生动荡，饥荒导致人口减少，失去正常社会秩序，进而发生战争。只有安全地度过这些危机，文明才能顽强地延续下来。	通过阅读、思考讨论、归纳概括形成概念。

续表

学习任务	教师活动	学生活动	设计意图
发烧的大气	【过渡】 气候变化对文明的稳定、繁荣是至关重要的。现阶段气候是如何变化的呢？ 播放视频《1850—2018年全球平均温度》与《1951—2018年中国平均气温变化》。总结全球气温变化的特点。 【提问】 阅读教材P₁₀₈₋₁₁₀"发烧的大气"，谈谈全球气候变化有什么特点？	20世纪20—30年代，地球平均气温上升十分明显。后来气温上升开始放缓，20世纪70年代之后，地球平均气温再度上升，上升速度前所未有。	通过阅读、思考讨论、归纳概括形成概念。
温室效应加剧	【过渡】 大气为什么发烧了？目前科学界已经达成了一个共识：以气温升高为重要特征的全球气候变化，其成因主要是人类的生产和生活活动，其中对气候变化影响最大的就是温室效应。 【阅读教材，回答问题】 组织学生阅读教材P₁₁₀₋₁₁₁"温室效应加剧"，思考回答如下问题： （1）什么是温室效应？ （2）温室气体有哪些？ （3）哪些活动会导致温室气体的排放？	（1）温室效应是指透射阳光的密闭空间由于缺乏与外界热对流而形成的保温效应，即太阳短波辐射可以透过大气射入地面，而地面增暖后放出的长波辐射却被大气中的二氧化碳等物质所吸收，从而产生大气变暖的效应。 （2）地球大气中起温室作用的气体称为温室气体，主要有	通过阅读、思考讨论、归纳概括形成概念。

续表

学习任务	教师活动	学生活动	设计意图
		有二氧化碳（CO_2）、甲烷、臭氧、一氧化二氮等。 （3）化石燃料的大量燃烧向大气排放了二氧化碳，大量砍伐森林使光合作用吸收的二氧化碳减少；畜牧业产生大量的甲烷；这些活动会导致温室气体的排放。	
	【过渡】 　　大气在发烧，全球气候正在发生变化，会对自然环境和人类社会产生较大的影响。		
全球气候变化的威胁	**【阅读、分析】** 　　组织学生阅读教材 $P_{112~113}$ "全球气候变化的威胁"分析全球气候变化对自然环境及人类的影响，构建解释模型，向其他小组同学分享。	海平面上升模型：全球气候变暖→冰川融化→海平面上升→洪水、巨浪和飓风→海岛、海岸消失→城市消失。 动植物大动荡模型：全球气候变暖→动植物向两极迁移→外来物种入侵→生物多样性锐减。 极端天气增加模型：全球气候变暖→低层空气变暖→对流容易→冷空气侵袭→能量释放加剧→强降水、冰雹等极端天气。	通过阅读、思考讨论、归纳概括形成概念。

续表

学习任务	教师活动	学生活动	设计意图
给大气降温	【阅读、分析】 　　面对全球气候变化的危机，人类必须想办法降低气温升高的速度。阅读教材P$_{114\sim116}$"给大气降温"，回答下列问题。 　　人类减少温室气体排放的措施有哪些？	（1）控制碳排放。 （2）保护植被与海洋。 （3）开发可再生能源。 （4）碳排放交易。	
小结	人类的文明历史告诉我们，文明动荡与气候变化密切相关。从20世纪初到现在，地球的平均气温整体呈现上升的趋势，对自然环境和人类社会造成巨大的影响，如海平面上升、动植物大动荡和极端天气增加等。面对全球气候变化的危机，我们需要通过控制碳排放、保护植被与海洋、开发可再生能源和碳排放交易等措施给大气降温。		

重获洁净空气

（一）教材分析

学生之前学习了《认识地球的"面纱"》《大气污染的危机》和《气候变化的隐忧》，认识到大气污染对人及动植物的影响，在此基础上，《重获洁净空气》将介绍防治大气污染的对策、空气污染形成的原因以及空气污染控制技术。

（二）学情分析

本节课的教学对象是高二年级的学生，通过本章前几节的学习，学生初步认识到大气污染对人类以及动植物的影响，为大气污染治理的学习创造了基础，但本节涉及的防治大气污染的对策、空气污染形成原因以及空气污染控制技术认识是新知识，学生学习和理解存在一定的问题。

（三）教学目标

（1）概述空气污染形成的原因及防治大气污染的对策。

（2）概述空气污染防治措施及空气污染控制技术的发展。

（3）以史为鉴，认同空气污染的防治对策、措施，形成绿色生产、绿色生活及绿色消费的文明健康生活方式，形成人与自然和谐共生的生态文明观念。

（四）教学重点、难点

1.教学重点

（1）空气污染形成的原因及防治大气污染的对策。

（2）空气污染防治措施及空气污染控制技术的发展。

2.教学难点

以史为鉴，认同空气污染的防治对策、措施，形成绿色生产、绿色生活及绿色消费的文明健康生活方式。

（五）教学策略

①讲授法；②小组讨论法；③VIPP教学法。

（六）教学过程

学习任务	教师活动	学生活动	设计意图
创设情景引入新课	【创设情景】 　　播放视频《世卫组织：中国积极作为治理空气污染》。全球变暖和碳排放过量等已经严重威胁到人类健康，而落实《巴黎协定》是解决这一问题的关键，其中，治理空气污染是一项重要举措。世界卫生组织气候变化专员坎贝尔指出，中国在治理空气污染方面的积极作为，起到了重要作用。	观看视频，提取视频中的信息：大气污染对人类健康有重大危害，落实《巴黎协定》对大气污染防治有重要意义。中国在治理空气污染方面起到了积极作用。	播放空气治理视频，吸引学生兴趣，调动学生学习的主动性。

续表

学习任务	教师活动	学生活动	设计意图
	【过渡】		
	通过对《气候变化的隐忧》的学习，我们知道大气污染对人类身体健康造成较大的威胁。面对大气污染，我们应该采取哪些对策和措施？造成大气污染的主要原因是什么？治理大气污染有哪些技术手段？发达国家的工业化发展较早，最先发生空气污染事件，也最早开始进行空气污染治理，他们走过了艰难的整治之旅，从中积累了许多经验。		
开启艰难整治之旅	【展示资料】 19世纪初，许多英国人认为空气污染是自然过程。19世纪中叶，英国许多城市煤烟弥漫，然而几乎没有人认为它会危害人们的健康。直到1952年英国爆发了伦敦烟雾事件，人们才开始启动强有力的治理措施。最重要的一条经验是重视环境保护，加强立法，改善并规范生产和生活方式；增加财政投入，大力发展公共交通，鼓励市民绿色出行，推行绿色能源。 【提问】 （1）阅读教材P₁₁₈₋₁₂₀"伦敦找回'清洁空气'"，思考：伦敦烟雾事件的发生和治理给我们治理空气污染带来什么启示？伦	（1）学生阅读、归纳和总结，认识到： ①加强宣传，让公众认识到空气污染是人类活动造成的； ②加强立法，重视环境保护，改善和规范生产和生活方式； ③增加财政投入，大力发展公共交通，鼓励市民绿色出行，推行绿色能源。 （2）学生阅读，提取信息，整理回答问题。 ①伦敦为治理空气污染颁布了《清洁空气法案》和《空气污染控制法案》。 ②通过立法提高燃煤品质，减少燃煤用量；规定工业燃料含硫上限；推行无铅石油；限制私家车进入市区等；扩大绿化面积，推行绿色能源。	通过阅读、思考讨论、归纳概括形成概念，认同通过立法治理空气污染，选择健康文明的生活方式。

续表

学习任务	教师活动	学生活动	设计意图
	敦为治理空气污染颁布了哪些法律？这些法律是如何改善和规范生产生活方式的？ 　　教师讲解：伦敦为治理空气污染采取了强有力的措施，雾霾天数减少了，但是雾霾并没有消失，一旦出现威力不减当年。 　　（2）阅读教材P_{120~121}"漫长的治理之路"，思考：伦敦雾霾没有消失的原因是什么？什么是环境库兹涅茨曲线？其背后的原理是什么？	伦敦采取了强有力的措施治理空气污染，但是欧盟部分国家空气污染治理力度不够。 　　环境库兹涅茨曲线是指随着经济发展水平升高，一个国家环境污染程度先升高后下降。背后的原理是：工业化初期，人们对环境保护重视程度不够，缺乏经济实力支撑环境保护事业发展。	
采用空气污染的防治技术	【过渡】 　　治理空气污染，不仅需要重视立法，积累经验，实施整治方案，还需要持之以恒，不断改进治理措施。 　　组织学生阅读P_{121~122}"采用空气污染的防治技术"，引导学生思考和讨论： 【提问】 　　（1）空气污染物的防治有哪些技术？	学生阅读教材，认识到： 　　（1）空气污染防治技术有工业烟气污染防治技术、挥发性有机废气控制技术及机动车尾气排放控制技术。	阅读、归纳，了解空气污染控制技术。

167

续表

学习任务	教师活动	学生活动	设计意图
	（2）这些空气污染物的防治技术什么用途？	（2）前两种技术主要用于工业，利用除尘器、分离器和特殊工艺将污染物从大气中去除。机动车尾气技术用于机动车尾气减排，一是让化石燃料充分燃烧，二是使废气变为无害气体后再排放。	
解开中国大气污染之谜	【过渡】 　　不管采取哪一种大气污染防治技术，都要了解特定地区大气污染形成的原因，对症下药。我国大气污染形成原因是什么呢？ 　　播放视频《京津冀空气污染，"破案了"》。国务院新闻办发布会上，生态环境部相关负责人公布京津冀及周边地区秋冬季大气污染四大成因、三大污染源，同时提出深化大气污染防治工作的方案建议。 【提问】 　　（1）京津冀及周边地区大气污染主要成因是什么？ 　　（2）PM$_{2.5}$最主要的三大来源分别是？	观看视频，提取关键信息，了解京津冀及周边地区大气污染主要成因：一是大气污染物的排放超过环境容量（超过50%）；二是大气中氮氧化物和挥发性有机物浓度高；三是不利的气象条件导致环境容量降低；四是三个传输通道致污染区域传输。 　　PM$_{2.5}$最主要的三大来源分别是工业（36%）、民用散煤（17%）和柴油车（16%）。	通过阅读、思考讨论、归纳概括形成概念。

续表

学习任务	教师活动	学生活动	设计意图
打响蓝天保卫战	【过渡】 　　我国大气污染形成原因及污染物来源复杂，治理困难，必须全国一起行动，实施联防联控。为此我国接连发布了一系列大气污染防治计划，并积极推行，取得了一定的成效。		
	播放视频《跟着总书记一起建设美丽中国》。阅读教材 P$_{124～126}$"打响蓝天保卫战"。 【提问】 　　关于大气污染防治，国务院发布了哪些文件？	学生观看视频，阅读教材，了解国家为了治理大气污染发布了《大气污染防治行动计划》和《打赢蓝天保卫战三年行动计划》。	通过阅读、思考讨论、归纳概括形成概念。
小结	经过长期的探索和实践，人们总结出了防治大气污染的对策，了解了空气污染形成原因，制定了空气污染防治措施，空气污染控制技术得到发展。防治大气污染的对策有加强宣传、加强立法、增加财政投入以及发展绿色交通等。空气污染形成的原因有超标污染排放、不利的气候条件和区域传输等。我国出台的大气污染防治措施有《大气污染防治行动计划》(即《大气十条》)和《打赢蓝天保卫战三年行动计划》等。		

贵州空气污染治理

（一）教材分析

前几节课向学生介绍了大气的结构和组成，生命与大气的关系，大气污染物的来源以及对动植物的影响，大气污染形成的机理、防治对策，以及空气污染控制技术。在此基础上，《贵州空气污染治理》将结合贵州大气污染和经济发展现状，向学生介绍贵州大气污染防治对策、措施及成效。

（二）学情分析

通过对本章前几节课的学习，学生意识到生命与大气相互影响，是命运共同体，深刻认识到大气污染对动植物生存和发展的影响，了解到大气污染形成的机理、基本的防治对策及控制技术。学生们作为贵州的一分子，学习贵州空气污染治理愿望强烈，积极性高。结合贵州经济、社会和自然环境，让学生参与讨论贵州大气污染防治对策、措施及成效，深刻理解绿水青山就是金山银山的绿色发展内涵。本节课存在一定难度。

（三）教学目标

（1）概述贵州大气污染现状。

（2）概述贵州大气污染防治对策、措施及成效。

（3）正确认识、分析和解决人地关系问题，形成绿水青山就是金山银山、尊重自然、顺应自然、保护自然、绿色发展、循环发展以及低碳发展的生态文明观念。

（四）教学重点、难点

1.教学重点

贵州大气污染防治对策、措施及成效。

2.教学难点

正确分析、认识、解决人地关系问题，形成绿水青山就是金山银山、尊重自然、顺应自然、保护自然以及绿色发展、循环发展、低碳发展的生态文明观念。

（五）教学策略

①讲授法；②小组讨论法；③VIPP教学法。

（六）教学过程

学习任务	教师活动	学生活动	设计意图
创设情景引入新课	**【创设情景】**　播放视频《习近平心中的美丽中国·大气》。保护生态环境就是保护生产力，绿水青山和金山银山绝不是对立的，关键在人，关键在思路。	观看视频，提取视频中的信息。认识到保护生态环境就是保护生产力，绿水青山就是金山银山。	播放空气治理视频，吸引学生兴趣，调动学生学习的主动性。

续表

学习任务	教师活动	学生活动	设计意图
	【过渡】 保护生态环境就是保护生产力，绿水青山就是金山银山，空气质量直接关系到广大群众的幸福感。贵州现阶段空气质量如何？		
	【展示】 资料1：2021年前三季度，贵州环境空气质量总体优良，全省9个中心城市空气质量平均优良天数比率为98.6%。统计显示，2021年1至9月，全省9个中心城市空气质量平均优良天数比率为98.6%；全省88个县（市、区）城市空气质量平均优良天数比率为98.7%。二氧化硫、二氧化氮、可吸入颗粒物（PM_{10}）和一氧化碳等4项污染指标浓度均达到了一级标准。	学生阅读资料、归纳和总结，认识到贵州环境空气质量总体优良，二氧化硫、二氧化氮、可吸入颗粒物（PM_{10}）和一氧化碳等4项污染指标浓度均达到了一级标准。	通过阅读、思考讨论、归纳概括形成概念。
	【过渡】 与空气质量较差的省市相比，贵州空气污染防治压力相对较小，这并不意味着防治工作难度较低。		

续表

学习任务	教师活动	学生活动	设计意图
	播放视频《2020年中元节贵阳PM$_{2.5}$爆表》。焚烧纸钱、冥物的行为导致空气中颗粒物（PM$_{10}$、PM$_{2.5}$）、二氧化硫等污染物浓度急剧增加，使得空气质量明显恶化，影响群众身体健康，存在较大的火灾隐患。 【提问】 2020年中元节贵阳PM$_{2.5}$爆表的原因是什么？生活中有无类似的污染情况？如何才能减少此类空气污染？ 播放视频《贵州瓮安黄磷企业污染》。黄磷炉尾气中含有大量的磷，磷在燃烧以后转化为五氧化二磷，对植物、人体伤害都非常大。 【提问】 瓮安黄磷企业排出的尾气中重要的污染物是什么？该污染物对环境的危害是什么？你觉得如何才能减少环境污染？	学生观看视频，提取信息，认识到：焚烧纸钱、冥物会导致空气污染；逢年过节燃放烟花爆竹也会导致空气污染；我们应该文明祭祀，减少空气污染，以免危害群众身体健康。 黄磷企业"整而不改"排放大量的有害气体，主要的污染物是五氧化二磷；该污染物危害人类身体健康，破坏生态环境；应加大监督和整治力度，提供技术支持。	观看视频，思考、概括形成生态文明观。

续表

学习任务	教师活动	学生活动	设计意图
大气污染防治行动	【过渡】 　　绿水青山就是金山银山，为了保持贵州省的生态优势，实现经济发展与生态保护共赢的生态文明建设新目标，必须加强大气污染防治工作，努力改善环境空气质量。防治大气污染，贵州在行动。 【阅读任务】 　　组织学生阅读教材P$_{128}$"大气污染防治行动"。2014年贵州省公布了《贵州省大气污染防治行动计划实施方案》。方案明确了空气污染防治目标及具体措施。 【提问】 　　（1）《贵州省大气污染防治行动计划实施方案》的总体目标是什么？ 　　（2）贵州大气污染防治有哪些具体的措施？	阅读教材，回答问题： 　　（1）总体目标：到2017年，全省空气质量有所改善，优良天数逐年提高，可吸入颗粒物（PM$_{10}$）浓度比2012年下降5%以上。 　　（2）具体措施有实施综合治理、优化产业结构、调整能源结构、严格节能环保准入、加快企业技术改造、完善环境经济政策等十个方面。	引导学生阅读资料，思考和概括贵州省大气污染防治目标和具体措施。
保卫蓝天	【阅读任务】 　　阅读教材P$_{128\sim130}$"保卫蓝天"：贵州省人民政府印发了《贵州省打赢蓝天保卫战三年行动计划》（以下简称《贵州行动计划》），计划明确了未来三年	阅读教材，回答问题： 　　（1）到2020年，二氧化硫、氮氧化物排放总量分别比2015年下降7%；细颗粒物和可吸入颗粒物等主要污染指标得到有效控制。到2020年，全省9个中心	阅读、归纳，了解《贵州行动计划》的目的和措施。

续表

学习任务	教师活动	学生活动	设计意图
	我省进一步改善和保持环境空气质量的总体要求、主要目标和重点任务，通过一系列重要措施保障贯彻落实，坚决打赢蓝天保卫战，增强人民群众的幸福感和获得感。 【提问】 （1）《贵州行动计划》的目标是什么？ （2）《贵州行动计划》制定了哪些具体措施？ （3）《贵州行动计划》提出了哪些专项行动？ （4）《贵州行动计划》有哪些保障措施？	城市和贵安新区环境空气质量全部达到二级标准，县级以上城市空气质量优良天数比率保持在95%以上。 （2）一是调整优化产业结构，加快推进绿色发展；二是加快调整能源结构，构建清洁高效的能源体系；三是积极调整运输结构，发展绿色交通体系；四是优化调整用地结构，推进面源污染治理。 （3）专项行动包括整治建筑扬尘、治理柴油货车污染、整治工业窑炉和治理挥发性有机物。 （4）一是强化空气质量精准管控，有效应对重污染天气；二是加强环境大数据能力建设，提升环境监管水平；三是加强大气环境监管执法，强化环保督察；四是完善环境经济政策体系，强化资金保障；五是落实各方责任，强化考核问责。	

续表

学习任务	教师活动	学生活动	设计意图
小结	人类只有一个地球，我们应该保护生态环境，建设生态文明，推动可持续发展。贵州最大的优势在于优美、清洁的环境。有好的空气质量，才有好的生活质量。打赢蓝天保卫战，就是增强人民群众的幸福感和获得感。		

第五章　走向生态文明

人与自然是生命共同体，人类对大自然的破坏会伤及自身，人类违背生态规律将会严重制约可持续发展。我们应该把握自然规律，尊重和维护自然，建立可持续的产业结构、生产方式和消费模式，既能够满足当代人的需求，又不对后代的发展构成危害。

一、内容结构

二、设计思路

（一）章首页设计意图

本章首页结合工业化、城镇化以来的发展历程，以史为鉴，回答了我们为什么要走向生态文明？对土地的无序开发、对资源的过度消耗和对环境的严重污染造成了难以弥补的生态创伤，导致全球气候变化、水污染、大气污染、生物多样性锐减等系列全球性的环境问题，让我们发现大量生产、大量消费、大量排放的产业结构和经济增长模式以及"涸泽而渔"的生产和生活方式是难以为继的。顺应自然、保护自然的绿色发展方向昭示着走向生态文明是人类文明发展的必由之路。

　　章首页插图为一幅恬静幽美的山水田园风光图，有山、有水、有雾、有树、有草、有庄稼、有袅袅炊烟，一切是那么的和谐自然，具有烘托强化本章主题和引言要旨的作用，能激发学生兴趣、愉悦阅读心情。

（二）内容安排特点

　　本章为《贵州省生态文明教育读本》第五章《走向生态文明》，学生在此之前认识到"生态兴则文明兴"，生态文明建设之"青山保护""绿水保护"和"蓝天保护"。在此基础上，引领学生总结过去的经验教训，展望未来的发展之路，形成可持续发展的理念。

　　《可持续发展之路》引导学生认识可持续发展之路的内涵，了解循环经济、海绵城市及生态红线等生态文明建设知识。《多彩贵州生态建设》介绍贵州生态文明建设促进经济绿色转型、擦亮绿色生态底色的措施及生态文化建设举措，《我们的选择》重点讲述在生态文明建设过程中，作为个人该如何行动。

三、核心素养侧重点

（一）生态文明理念

　　通过本章的学习，学生能够概述可持续发展是我们必然的选择，概述循环经济和海绵城市在生态环境保护中的作用；了解生态保护红线的内涵，说出贵州生态保护红线的主要类型；概述绿色经济的内涵及身边绿色经济发展案例，如贵州大数据、生态旅游和林下经济等；概述贵州生态文明建设所采取的措施及成效；概述贵州独特的生态保护文化，举例说明贵州生态文明建设过程中尊重自然、敬畏自然的发展智慧；概述"简约适度""绿色低碳"的生活方式的具体内涵，举例说明生活中如何践行《公民生态环境行为规范》。使学生学习并在生活中逐渐形成绿水青山就是金山银山、尊重自然、顺应自然、保护自然，以及绿色发展、循环发展、低碳发展的生态文明观念。

（二）人地协调观

面对环境保护和人类可持续发展问题，使学生深刻地认识到人类社会要更好地发展，必须尊重自然规律，协调好人类活动与地理环境的关系。让学生能够正确认识、分析和解决人地关系问题，成为和谐世界的建设者。

（三）生命观念

人类活动对生态系统的动态平衡有着深远的影响，良好的生态环境是人类生存和可持续发展的必要条件。学习根据生态学原理，采用系统工程的方法和技术达到资源多层次和循环利用的目的，使特定区域中的人和自然环境均受益，形成"环境保护需要从我做起"的意识。

（四）社会责任

通过本章的学习，学生能够正确认识可持续发展、循环经济及海绵城市建设理念，形成绿色生产、绿色生活及绿色消费的文明健康生活方式，形成人与自然和谐共生的格局，认同简约适度的生活方式。从衣食住行到出游，"极简主义""无痕旅游"等观念常伴心中，不乱丢垃圾，保护生态环境，树立健康文明、节约资源的观念。让学生形成和践行"绿水青山就是金山银山"的理念，形成生态意识，参与环境保护实践；主动向他人宣传关爱生命的观念和知识，崇尚健康文明的生活方式，成为健康中国的促进者和实践者。

四、与学生经验的联系

本章节的教学对象是高二年级的学生，通过政治、历史和生物学科的学习，学生学习本章知识有一定的基础，对可持续发展之路的内涵、身边正在发生绿色经济转型、擦亮绿色生态底色的措施及生态文化建设的案例有一定的了解。通过小学、初中生态文明知识的学习，对倡导简约适度的生活方式和践行绿色低碳的生活方式有一定的认识，但是不够深入，需要丰富的视频和文本资料，理论联系实践，帮助学生更好地学习践行"简约适度""绿色低碳"的生活方式的具体内涵和现实意义。

五、与其他章节的联系

教材第一章《探寻文明的足迹》介绍了文明的诞生与发展过程，提出自然生态环境孕育文明，也被文明所影响的理念，强调进行生态文明建设的必要性。第二章至第四章分别从"青山""绿水"和"蓝天"三个维度介绍生态文明建设。在此基础上，第五章将从《可持续发展之路》《多彩贵州生态文明建设》和《我们的选择》三个方面介绍我们该如何走向生态文明。

六、教学建议

本章教学内容建议安排3课时。教师在课前收集贵州"海绵城市建设""循环经济""生态环境保护与修复""生态文明传统文化"和"绿色经济转型"等相关视频和文字材料，以便突破本章重点和难点。教师应留足时间让学生阅读、思考，必要时组织学生分享、讨论，以加强认识。

（一）第一课时

1.创设情景，导入新课

收集和播放有关可持续发展的视频资料，吸引学生兴趣，调动学生学习的主动性，从而引入可持续发展的新课学习。例如播放视频《为了中华民族的永续发展》，引导学生正确认识绿水青山就是金山银山，为了中华民族的永续发展，把握自然规律，尊重和维护自然，建立可持续的产业结构、生产方式、消费模式，构建一条既能满足当代人的需求，又不对后代人的发展构成危害的可持续发展之路。

2.发展循环经济

收集和播放有关循环经济的视频，设问引导学生了解循环经济和传统经济的区别，正确认识循环经济的内涵。通过组织学生阅读教材，让学生了解到贵阳市是我国第一个循环经济试点城市，同时也是联合国环境规划署全球唯一的循环经济试点城市，增进学生对贵州生态文明建设的了解。通过"贵阳从酸雨之城转变为循环经济生态城市""盘江集团打造循环经济产业链'吃干榨尽'煤炭废弃物"和"贵阳息烽'变废为宝'磷石膏综合利用显成效"等案例加深对可持续发展和循环经济的理解。

3.建设"海绵城市"

收集和播放有关"建设海绵城市"的视频和文字资料，如《海绵城市蓄水池：会呼吸的月亮湖》，提问引导学生认识建设海绵城市是解决"逢雨必涝，雨停即旱"、水生态恶化、水资源短缺、水环境污染、水安全缺乏保障等系列问题的有效途径。

4.生态保护与修复

播放视频《航拍中国河北坝上高原红松洼塞罕坝老掌沟》，引导学生认同生态环境保护与经济发展并不矛盾，保护生态环境，合理开发利用自然资源才能保证经济社会的可持续发展。播放视频《15省份已发布实施生态保护红线》，引导学生认识划定生态保护红线对于生态环境保护和人类可持续发展具有重要意义。

（二）第二课时

1.创设情景，导入新课

播放视频《贵州积极构筑绿色发展高地》。创设情境，引导学生正确认识以下事实：随着生态文明建设的深入推进，贵州绿色家底逐年厚实；"绿色贵州""生态贵州"新名片越来越亮丽，释放了巨大"生态红利"。

2.经济绿色转型

通过《贵州利用天然气候的优势，建起大数据中心》《贵州兴义万峰林：绿水青山就是金山银山，旅游业蓬勃发展》和《贵州安龙：新产业，新技术，万亩冬菌大丰收》等视频资料引导学生了解贵州是如何守住发展和生态两条底线的，"绿色GDP"成为贵州发展的关键词。

3.弘扬生态文化

播放视频《贵州苗寨里传承百年的"生态家风"》，让学生了解贵州苗寨"生态家风"让几百年来的大规模木材交易不仅没有破坏生态，反而青山常在，这与当地可持续发展的生态理念密不可分。

（三）第三课时

1.创设情景，导入新课

播放视频《绿色办奥宣传片》。让学生了解到北京冬奥会是一届绿色的奥运会，它坚持生态优先、资源节约、环境友好，在全社会倡导简约适度、绿色低碳的生活方式，吸引公众践行绿色发展理念，为北京冬奥会打下美丽中国底色，从而引入新课。

2.践行简约适度的生活方式

播放视频《舌尖上的浪费依旧存在》，引导学生反对舌尖上的浪费，把节约粮食、反对浪费从中华民族的传统美德上升为每个公民的法定义务，有效地制止浪费。作为个人我们应该按需取食，吃不完的打包带走，不浪费食物。通过视频《天门山清洁工一天上下8000个台阶，每天清理二三百斤垃圾》引导学生认同简约适度的生活方式，从衣食住行到出游，"极简主义""无痕旅游"等观念常伴心中，不要乱丢垃圾，保护生态环境，践行健康文明、节约资源的生活方式。

3.践行绿色低碳的生活方式

组织学生观看视频《垃圾减量分类，让城市"轻"下来》，让学生认同并践行绿色生态观，从自己做起，从现在做起，从点滴做起。通过认识鼓浪屿利用互联网，推行积分换实物，使居民和商家养成将垃圾进行分类处理的生活习惯，通过垃圾分类，再生能源，让城市"轻"下来。引导学生学习垃圾分类知识，将垃圾分类放入不同的垃圾桶。

七、课后思考与实践提示

可持续发展之路

1.第一个问题的提示

以贵州省为例，水土保持功能生态保护红线划定面积为10 199.13平方公里，占全省面积的5.79%，主要分布在黔西南自治州、黔南自治州、黔东南自治州、铜仁市等地，包含3个生态保护红线片区：南北盘江—红水河流域水土保持与水土流失控制片区、乌江中下游水土保持片区和沅江—柳江流域水土保持与水土流失控制片区。

措施：开展流域底数大排查行动；开展水污染防治行动；开展水生态修复行动；开展水域岸线生态空间管控行动；开展水环境治理行动；开展水资源保护行动；开展执法监管行动；开展河湖长制提质增效行动；开展问题整改销号行动。

2.第二个问题的提示

光伏发电、风能发电和水电等；在全省的能源耗用占比为52.9%。

多彩贵州生态建设

1.第一个问题的提示

基于大数据的产业有智慧农业、智能制造、智慧能源、大数据金融、大数据公共服务、智慧物流、电子商务、智慧交通、智慧环保、人工智能、软件研发设计、服务外包等。

2.第二个问题的提示

略。

我们的选择

1.第一个问题的提示

采购和使用有利于减少垃圾产生的物品；减少一次性用品使用、开展旧货交易、实施"光盘行动"；参与垃圾分类与资源回收，使用可降解塑料；通过线上线下旧货交易，促进闲置物品再利用。

2.第二个问题的提示

绿色出行、义务植树、观鸟护鸟、光盘行动、合理设置空调温度，及时关闭电器电源，减少使用一次性用品和过度包装产品。

八、教学设计案例

可持续发展之路

（一）教材分析

学生在此之前认识到"生态兴则文明兴"，了解了生态文明建设中的土地保护、水资源保护和大气环境保护。《可持续发展之路》引领学生总结过去的经验教训，展望未来的发展之路，形成可持续发展的理念。

（二）学情分析

本节课的教学对象是高二年级的学生。通过政治、历史和生物等学科的学习，学生学习本节课知识有一定的基础，但对可持续发展之路的内涵不够了解。教学中需要借助有关可持续发展之路的视频和文字资料，在具体的案例中引导学生领悟可持续发展之路是我们必然的选择。

（三）教学目标

（1）概述可持续发展的内涵及意义。

（2）概述循环经济和海绵城市在生态环境保护中的作用。

（3）了解生态保护红线的内涵，说出贵州生态保护红线的主要类型。

（4）认同可持续发展、循环经济及海绵城市建设理念，践行绿色生活、绿色生产、绿色消费和健康文明的生活方式。

（四）教学重点、难点

1.教学重点

可持续发展的内涵及意义。

2.教学难点

（1）发展循环经济和建设海绵城市在生态环境保护中的作用。

（2）生态保护红线的内涵，贵州生态保护红线的主要类型。

（五）教学策略

①讲授法；②小组讨论法；③VIPP教学法。

（六）教学过程

学习任务	教师活动	学生活动	设计意图
创设情景引入新课	【创设情景】 　　播放视频《为了中华民族的永续发展》。在习近平生态文明思想指引下，美丽中国建设迈出坚实步伐，人与自然和谐发展的现代化建设新格局正在形成。今日的中国，大气质量明显改善，水环境质量显著提升，碳排放强度快速下降，生态保护稳步推进，坚持生态优先，走绿色发展之路。	【思考、讨论】 　　观看视频，提取视频中的信息。人不负青山，青山定不负人，认识到我国生态文明建设取得的阶段性成效。认同绿色消费、绿色生产和绿色生活。	通过视频，吸引学生兴趣，调动学生学习的主动性。

续表

学习任务	教师活动	学生活动	设计意图
	【过渡】 　　绿水青山就是金山银山，为了中华民族的永续发展，我们应把握自然规律、尊重和维护自然，建立可持续的产业结构、生产方式、消费模式，构建一条既能满足当代人的需求，又不对后代人的发展构成危害的可持续发展之路。		
发展循环经济	播放视频《定下新目标，"十四五"循环经济发展规划来了》。2021年7月，国家发展改革委印发《"十四五"循环经济发展规划》，提出积极推行"互联网+回收"模式和"互联网+二手"模式两大新模式、城市废旧物资循环利用体系建设等五项重点工程、汽车使用全生命周期管理推进行动、废旧动力电池循环利用行动等六大行动。到2025年，循环型生产方式全面推行，绿色设计和清洁生产普遍推广，资源综合利用能力显著提升，资源循环型产业体系基本建立。 【提问】 　　阅读教材P$_{132\sim134}$"发展循环经济"，思考：循环经济与传统经济的区别是什么？	学生观看视频，阅读教材、归纳和总结，了解循环经济与传统经济的区别。 　　传统经济遵循"资源—生产—消费—废物排放"过程，经济发展的同时，导致资源过度利用，环境污染日趋严重。循环经济遵循"资源—产品—再生资源"模式，物质循环利用，生产和消费过程产生的废弃物很少，从根本上消解了发展与环境之间的冲突，达到环境保护与经济发展的双赢。	通过阅读、思考讨论、归纳概括形成概念。

续表

学习任务	教师活动	学生活动	设计意图
	【过渡】 贵阳市是我国第一个循环经济试点城市，同时也是联合国环境规划署全球唯一的循环经济试点城市。		
	播放视频《贵阳从酸雨之城转变为循环经济生态城市》。贵阳市曾经是我国酸雨最多的地区之一。遵循"先治理，不污染"的思路，经过20年的生态环境治理，贵阳市已转变为循环经济生态城市。 播放视频《盘江集团：打造循环经济产业链"吃干榨尽"煤炭废弃物》。贵州盘江集团通过煤矸石发电，瓦斯抽取提纯等措施实现煤炭废弃物再利用，减少能耗的同时，有效保护环境。 播放视频《综合利用磷石膏资源 工业固废"变废为宝"》。 **【提问】** 结合上述三个视频，你对可持续发展及循环经济有什么理解？	学生观看视频，提取信息，认同经济发展与环境保护并不矛盾。 可持续发展是指把握自然规律、尊重和维护自然，建立可持续的产业结构、生产方式、消费模式，构建一条既能满足当代人的需求，又不对后代人的发展构成危害的可持续发展之路。 循环经济是指在人、自然资源和科学技术的大系统内，在资源投入、企业生产、产品消费以及废弃的全过程中，把传统的依赖资源消耗型增长的经济转变为依靠生态型资源循环发展的经济。	阅读资料，概括形成生态文明观。

续表

学习任务	教师活动	学生活动	设计意图
建设"海绵城市"	**【过渡】** 　　现代城市的发展，到处都是水泥森林和硬化路面，破坏了生态环境，普遍存在"逢雨必涝，雨停即旱"的现象，面临着水生态恶化、水资源短缺、水环境污染、水安全缺乏保障等系列问题。对此，2015年10月，国务院办公厅印发了《关于推进海绵城市建设的指导意见》。 　　播放视频《海绵城市蓄水池：会呼吸的月亮湖》。贵安新区是全国首批海绵城市试点，贵安新区的月亮湖公园，位于群山环抱间，水域面积1200亩（1亩≈666.7平方米）的月亮湖。月亮湖公园是贵安新区海绵城市设计理念的典型样板，有着一套精密的水循环系统，里面处处可以看到设计巧妙的雨水收集设施。 **【提问】** 　　观看视频，阅读教材P~134~136~"建设'海绵城市'"，结合贵安新区月亮湖海绵城市案例，谈谈你对海绵城市的认识。	学生观看视频，了解贵安新区月亮湖海绵城市建设案例。雨水流进绿地下方蓄水池，经过过滤流向地表，再进入月亮湖生态湿地。湿地水生植物净化流入月亮湖雨水。湖泊、池塘作为城市的蓄水池，发挥调节城市水量、改善地区气候的功能。	观看视频，归纳总结，形成海绵城市的概念。

【过渡】

　　进入新时代，我国生态空间不断遭受挤占、自然生态系统退化严重、生物多样性加速下降的总体趋势仍在继续，生态安全形势严峻。因此，我国结合生态保护实践，提出了生态环境保护红线的概念。

续表

学习任务	教师活动	学生活动	设计意图
生态保护与修复	播放视频《航拍中国·第三季第九集·一同飞越　河北》。历史上，塞罕坝生态环境优美，近百年的乱砍滥伐，使生态绿洲退化为高原沙地。1962年，在这片沙地荒原上开始了改天换地的森林再造工程，逐步实现生态保护与经济发展共赢。 【提问】 阅读教材P$_{136\sim139}$ "生态保护与修复"，结合塞罕坝生态破坏及修复案例，谈谈生态环境保护与经济发展的关系。 播放视频《15省份已发布实施生态保护红线》。京津冀、长江经济带省市和宁夏等15省（区、市）的生态保护红线已经划定。京津冀区域生态保护红线面积比例为20.34%，长江经济带生态保护红线面积比例为25.33%，宁夏为24.76%。15省（区、市）生态保护红线总面积约占其国土面积的24.85%。	观看视频，阅读教材，思考回答问题。 塞罕坝生态破坏及修复案例告诉我们，生态环境保护与经济发展并不矛盾，保护生态环境，合理开发利用自然资源才能保证经济社会的可持续发展。 生态保护红线是指依法在重点生态功能区、生态环境敏感区和脆弱区等区域划定的严格管控边界，是国家和区域生态安全的底线。贵州生态保护红线主要包括水源涵养、水土保持、生物多样性、水土流失控制及石漠化控制等类型。	阅读、归纳总结形成生态环境保护红线的概念。

续表

学习任务	教师活动	学生活动	设计意图
	【提问】 结合视频,阅读教材P$_{136~137}$,思考:什么是生态保护红线?贵州生态保护红线包括哪些类型?		
小结	生态保护与修复并不是一件一蹴而就的事情,我国生态环境质量得到了持续的改善,但是仍有部分生态问题还没有得到根本性解决。为了再现绿水青山,建设美丽中国,生态保护与修复将长期成为生态文明建设的主要内容。		

多彩贵州生态建设

（一）教材分析

学生之前学习了《可持续发展之路》，了解了可持续发展之路的内涵，对循环经济、海绵城市及生态红线等生态文明建设知识有了初步的认识。在此基础上，《多彩贵州生态建设》将介绍贵州生态文明建设中促进经济绿色转型、擦亮绿色生态底色的措施以及生态文化建设举措。

（二）学情分析

本节课的教学对象是高二年级的学生，他们身边正在发生绿色经济转型、擦亮绿色生态底色及生态文化建设的案例，对学习本节课内容有一定的基础，但是缺乏理论指导和科学的认识。本节课将通过丰富的视频和文本资料，理论联系实践，讲解绿色经济和生态文化建设。

（三）教学目标

（1）概述绿色经济的内涵，列举身边绿色经济发展案例，如贵州大数据、生态旅游和林下经济等。

（2）概述贵州生态文明建设所采取的措施及成效。

（3）概述贵州独特的生态保护文化，举例说明贵州生态文明建设过程中尊重自然、敬畏自然的发展智慧，认同绿色生活、绿色生产及绿色消费的文明健康生活方式，形成人与自然和谐共生的生态文明观。

（四）教学重点、难点

（1）结合贵州大数据、生态旅游和林下经济等案例概述绿色经济的内涵。

（2）概述贵州生态文明建设中积累的贵州经验。

（五）教学策略

①讲授法；②小组讨论法；③ VIPP 教学法。

（六）教学过程

学习任务	教师活动	学生活动	设计意图
创设情景引入新课	【创设情景】 播放视频《贵州积极构筑绿色发展高地》。贵州省是长江上游重要的生态屏障。贵州坚定走生态优先、绿色发展之路，在生态环境向好的同时，绿色经济占地区生产总值比重提升到50%左右。贵州已完成30多项国家生态文明试验区建设重点任务，取得了生态损害赔偿、生态扶贫专项制度等16个全国率先试验成果，以大数据、高端制造、生态旅游为引领的绿色经济正成为推动经济高质量发展的核心动力。 【提问】 结合视频，谈谈你对贵州生态和经济发展的认识。	【思考、讨论】 观看视频，提取视频中的信息。随着生态文明建设的深入推进，贵州绿色家底逐年厚实，"绿色贵州""生态贵州"新名片越来越亮丽，释放了巨大的"生态红利"。	播放贵州绿色发展视频，吸引学生兴趣，调动学生学习的主动性。

续表

学习任务	教师活动	学生活动	设计意图
	【过渡】 守住发展和生态两条底线,"绿色GDP"成为贵州发展的关键词。		
经济绿色转型	播放视频《贵州利用天然气候的优势,建起大数据中心》。得益于凉爽的气候、稳定的地质环境、较高的海拔和较低的电价,贵州正快速崛起成为全球大数据储存基地。2017年,贵州全省的计算机、通信和其他电子设备制造业增加值达118.64亿元。大数据成为世界认识贵州的新窗口。 【提问】 贵州发展大数据有哪些优势?	学生观看视频,阅读教材P140~141,认识到贵州作为大数据储存基地的优势有低气温、低电价、高海拔和生态环境优美。	通过观看视频、思考讨论、归纳概括形成概念。
	播放视频《贵州兴义:万峰林里的别样生活》。神奇的自然景观,浓郁的民族风情,深厚的历史文化,独特的气候环境,成了贵州省发展生态旅游最宝贵的财富。	学生观看视频,阅读教材P141~142,思考回答问题。认同发挥生态优势,发展绿色经济的理念。贵州兴义万峰林生态环境优美,民风淳厚,发展生态旅游带动经济发展,人民发家致富。	通过生态旅游案例,让学生认同绿色经济的发展理念。

续表

学习任务	教师活动	学生活动	设计意图
	【提问】 结合视频，谈谈贵州兴义万峰林是如何实现生态、经济发展两不误的？		
	播放视频《落实"六稳"与"六保"：贵州安龙新产业新技术，万亩冬菌大丰收》。黔西南州安龙县地处滇黔桂石漠化集中连片特困地区，林地面积近70万亩，其中适宜发展林下养殖的在56万亩左右。立秋过后，4300多亩黑木耳陆续进入采收期，这段时间每天都有100多名村民到木耳基地务工。 【提问】 结合视频，发展林下经济为何能在保护生态环境的同时增加农民收入？	贵州安龙发展林下经济，充分利用林下土地资源和林荫优势从事林下种植、养殖等立体复合生产经营，从而使农林牧各业实现资源共享、优势互补、循环相生、协调发展，加快向绿色化、优质化、特色化、品牌化转型升级。	通过林下经济案例，让学生认同绿色经济的发展理念。

续表

学习任务	教师活动	学生活动	设计意图
擦亮绿色生态底色	【过渡】 党的十八大以来，习近平总书记站在战略和全局的高度，提出了"走向生态文明新时代""生态优先、绿色发展""绿水青山就是金山银山"等新的要求，保护生态环境就是保护生产力已经成为贵州人民的共识。 　　播放视频《贵阳：擦亮生态底色，助力乡村振兴》。贵州高度重视生态环境保护，秉持绿水青山就是金山银山的理念，倡导人与自然和谐共生，坚持走绿色发展和可持续发展之路。贵州坚定不移地纵深推进大生态战略，建设绿色生态，大力实施新一轮退耕还林、石漠化综合治理、植被恢复造林、长江经济带生态修复等重点生态工程。绿化面积不断扩大，成为保护长江、珠江上游重要生态屏障的有力举措。 【提问】 　　观看视频，阅读教材P₁₄₃~₁₄₄"擦亮绿色生态底色"，思考贵州是如何擦亮绿色生态底色的？	观看视频，阅读教材，了解贵州擦亮绿色生态底色的措施有：实施新一轮退耕还林、石漠化综合治理、植被恢复造林、长江经济带生态修复等重点生态工程；着力加强绿色治理，打响"蓝天保卫""碧水保卫""净土保卫""固废治理"和"乡村环境整治"五场污染防治攻坚战；将每年6月18日确定为"贵州生态日"，举办"保护母亲河·河长大巡河"和"巡山、巡城"等系列活动；完善生态文明相关制度建设。	观看视频，阅读教材，了解贵州擦亮绿色生态底色的措施。

续表

学习任务	教师活动	学生活动	设计意图
	【过渡】 生态文化是人类企图统治自然的文化转变为人与自然和谐相处的文化，推进生态文明建设，离不开生态文化的支持。		
弘扬生态文化	播放视频《贵州苗寨里传承百年的"生态家风"》。在漫长的历史进程中，贵州群众在人与人、人与社会、人与自然相互作用的复合生态系统里创造了绚丽的民族生态文化，形成独特的民族生态观念。 【提问】 结合视频，阅读教材P$_{145~146}$"弘扬生态文化"，分享画面中展现的贵州生态保护文化，回答贵州苗寨里的人们是如何理解生态与发展的关系的？	观看视频，阅读教材，了解贵州苗寨"生态家风"。 一禁：不惧远近杉木，吾等所靠，不许大人小孩砍削。如违，罚艮（银）十两……一禁：四至油山，不许乱伐乱捡。如违，罚艮（银）五两。 几百年来的大规模木材交易，不仅没有破坏生态，反而青山常在，这与当地可持续发展的生态理念密不可分。	通过视频和文本资料分析，认同保护生态环境就是保护经济发展的可持续发展理念。
小结	贵州正迈入生态文明新时代。依托大生态引领大农业、大旅游、大数据，经济社会发展冲出"洼地"，步入"平地"，并在某些领域攀上"高地"。如今的贵州天更蓝、水更清、地更绿、人更富，多彩贵州的底色正变得越来越靓丽。		

我们的选择

（一）教材分析

通过对《可持续发展之路》和《多彩贵州生态建设》的学习，学生了解了可持续发展之路的内涵，对循环经济、海绵城市及生态红线等生态文明建设知识有了初步的认识，了解了贵州生态文明建设促进经济绿色转型、擦亮绿色生态底色的措施以及生态文化建设举措。在此基础上，《我们的选择》重点讲述在生态文明建设过程中，作为个人该如何行动。

（二）学情分析

通过小学、初中生态文明知识的学习，学生对简约适度的生活方式、绿色低碳的生活方式有一定的认识，但是不够深入具体，需要通过丰富的视频和文本资料，理论联系实践，深入理解并践行"简约适度""绿色低碳"的生活方式的具体内涵和现实意义。

（三）教学目标

（1）概述"简约适度""绿色低碳"的生活方式的具体内涵。

（2）举例说明生活中如何践行《公民生态环境行为规范》。

（3）认同简约适度的生活方式。从衣食住行到出游，"极简主义""无痕旅游"等观念常伴心中，不要乱丢垃圾，保护生态环境，树立健康文明、节约资源的观念。

（四）教学重点、难点

1.教学重点

"简约适度""绿色低碳"的生活方式的具体内涵。

2.教学难点

如何践行《公民生态环境行为规范》，树立健康文明、节约资源的观念。

（五）教学策略

①讲授法；②小组讨论法；③ VIPP 教学法。

（六）教学过程

学习任务	教师活动	学生活动	设计意图
创设情景引入新课	【创设情景】 播放视频《绿色办奥宣传片》。建设绿色场馆、使用绿色能源、实施绿色交通、打造绿色环境，"绿色办奥"是北京冬奥会的四大办奥理念之一，已经融入冬奥会筹办的全过程，落实到城市发展的全方位。北京冬奥组委与北京市、河北省等方面紧密协作，坚持生态优先、资源节约、环境友好，在全社会倡导简约适度、绿色低碳的生活方式，吸引公众践行绿色发展理念，为北京冬奥会奠定美丽中国的底色。	观看视频，提取视频中的信息。认识到北京冬奥会是一届绿色的奥运会，它坚持生态优先、资源节约、环境友好，在全社会倡导简约适度、绿色低碳的生活方式，吸引公众践行绿色发展理念，为北京冬奥会打下美丽中国底色。	播放绿色办奥运宣传片视频，吸引学生兴趣，调动学生学习的主动性。

续表

学习任务	教师活动	学生活动	设计意图
	【提问】 　视频中反映了北京冬奥会的什么理念?		
	【过渡】 　我国是一个发展中的大国，人口众多，资源相对缺乏。国家推进生态文明建设，是一项战略举措。生态文明建设同每个人息息相关，你我他就是推进生态文明建设的大部队。那么，生活中我们该如何做呢?		
倡导简约适度的生活方式	播放视频《拒绝"舌尖上的浪费"食物浪费现象仍然屡见不鲜》。我国通过《中华人民共和国反食品浪费法》，把节约粮食、反对浪费从中华民族的传统美德上升为每个公民的法定义务。但是，食品浪费现象仍然存在。 【提问】 　阅读教材P_{147~149}"倡导简约适度的生活方式"，思考反对舌尖上的浪费，我国通过了什么法律? 这部法律的意义是什么? 作为个人我们应该怎么做?	观看视频，阅读教材，认识到反对舌尖上的浪费，我国通过了《中华人民共和国反食品浪费法》，其意义是把节约粮食、反对浪费从中华民族的传统美德上升为了每个公民的法定义务，有效地制止浪费。作为个人我们应该按需取食，吃不完的打包带走，不浪费食物。	通过观看视频，思考讨论、归纳概括，理解并践行简约适度的生活方式。

续表

学习任务	教师活动	学生活动	设计意图
	播放视频《湖南张家界"五一"假期·劳动者最美保洁员化身"蜘蛛人"攀爬崖壁捡垃圾》。在湖南张家界天门山国家森林公园，高空保洁员每天都要化身"蜘蛛人"飞檐走壁，在千米悬崖绝壁边捡拾垃圾。天门山景区大部分游道在环山崖壁之上，很多时候都必须下到几十米的崖壁上捡垃圾。 【提问】 结合视频，谈谈在旅游中如何保护生态环境？	观看视频，认同简约适度的生活方式。从衣食住行到出游，"极简主义""无痕旅游"等观念常伴心中，不要乱丢垃圾，保护生态环境，树立健康文明、节约资源的观念。	
践行绿色低碳的生活方式	【过渡】 当人人都树立健康文明、节约资源的观念，过度消费的生活方式就没有了市场，目标就会实现。党的十八大以来，在习近平总书记的倡导和引领下，绿色发展观和绿色低碳生活方式渐渐深入人心。 播放视频《垃圾减量分类，让城市"轻"下来》。鼓浪屿居民和商家将垃圾分类作为一种新的生活习惯。鼓浪屿街道办为家庭和商户配备了近4000个		

续表

学习任务	教师活动	学生活动	设计意图
	分类垃圾桶；17台分类垃圾车每天集中收集6次垃圾；利用互联网，推行积分换实物。两年来，鼓浪屿的垃圾分类督导员累计对居民和商户上门督导近万次，手把手做示范。鼓浪屿的厨余垃圾采用单独处理的方式，集中堆放在垃圾分类处理厂的发酵罐中进行厌氧发酵。通过垃圾分类、综合利用、再生能源，现在厦门市一个垃圾处理厂每天可产生近4万度的电能回馈城市电网。 【提问】 阅读教材P$_{149\sim151}$"践行绿色低碳的生活方式"结合视频，谈谈鼓浪屿如何让城市"轻"下来，作为个人我们如何做？	观看视频，阅读教材，认同践行绿色生态观，从自己做起、从现在做起、从点滴做起。鼓浪屿利用互联网，推行积分换实物，居民和商家养成将垃圾进行分类处理的生活习惯，通过垃圾分类、再生能源，让城市"轻"下来。作为个人我们应该学习垃圾分类知识，将个人垃圾分类放入不同的垃圾桶。	通过观看视频、阅读教材、思考讨论、归纳概括，理解并践行绿色低碳的生活方式。
	阅读教材P$_{150}$《公民生态环境行为规范》。第一条，关注生态环境；第二条，节约能源资源；第三条，践行绿色消费；第四条，选择低碳出行；第五条，分类投放垃圾；第六条，减	阅读教材，践行《公民生态环境行为规范》。关注生态环境；节约能源资源；践行绿色消费；选择低碳出行；分类投放垃圾；减少污染产生；呵护自然生态；参加环保实践；参与	阅读教材，结合生活实践，形成生态文明观。

续表

学习任务	教师活动	学生活动	设计意图
	少污染产生；第七条，呵护自然生态；第八条，参加环保实践；第九条，参与监督举报；第十条，共建美丽中国。 【提问】 《公民生态环境行为规范》主要包括哪些内容？生活中如何做？	监督举报；共建美丽中国。生活中自觉养成人走灯灭，少购买一次性用品和过度包装用品，自带购物袋，多选择步行、选乘公共交通出行等好习惯。	
小结	生态文明建设与我们每个人息息相关，每个人都可以参与生态文明建设，于细微处尽一份绵薄之力，形成全社会共同参与的文明健康的生活风尚，共同创建美丽中国。只要我们知行合一、从我做起，凝聚广泛的绿色共识，就一定能够实现青山常在、绿水长流、空气常新，赢得中华民族永续发展的美好未来。		

附录　学习心得

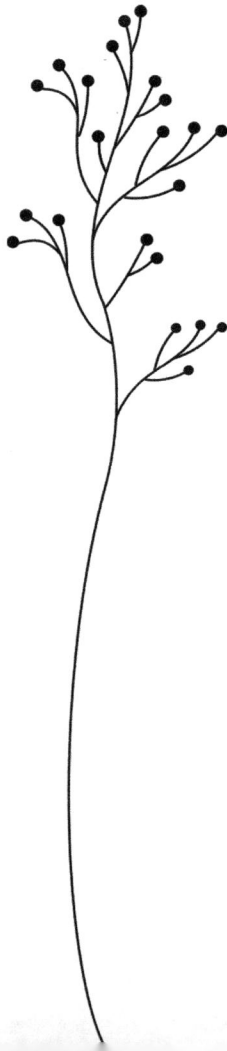

不负青山在，青山不负人

兴义一中高三（2）班 曾智超

白云悠悠，流水从泉眼汩汩流出，淌过四方古街，淌过小桥流水，淌过日落夕阳。变换了四季，不变的依旧是这蓝天；走过了峥嵘岁月，不变的依旧是这风雪。天地间，寄居在九州大地的西南一隅，金州正用独属于它的魅力展示着自己。

望之蔚然而深秀者，金州也。这亘古的青山便是金州独特的魅力所在。依稀记得，千万年前，这儿曾被称作南蛮之地，那时的青山如初升的太阳，未经开荒，保持着天地间的一方翠绿。然而，时光总是无所不能的小偷，随着科技的发展，工业化、智能化的身影抵达了我们身旁，带来了独属城市的灯火通明与烟花烂漫，然而，他终究还是将绿色带走：毁林开荒，围湖造田，我们自私地用着青山给的一切，毫无节制地发展，却忘了这片绿影。终于，在某一天，泥石流的高发，洪涝灾害带来的病害席卷而来，顷刻间覆灭了一切，将人们从盲目中唤醒。

于是，当国家呼吁着"绿水青山就是金山银山"的环保理念时，我们已经做好了许多。土地石漠化，于是勤奋的广大劳动人民在党的光荣领导下，用一双手去挖，去刨，以双手抚摸这片土地，我们植树，种林，从一片荒凉之中走出一条自己的青山致富之路。泥石流的来袭，使我们敲响警钟，当暴雨季来临时，兴修水库，在那些因过度开发而荒凉的山坡之上种上我们希望的树苗，用它们的根部抓紧抓好每一寸土地，牢牢把握住生态环境的最后一根线。是这样一点点地进步，才能造就今天的金州。

一轮明月，万家灯火伴他西行。时代在变，人也在变，今天的金州就是一代又一代的先辈们不断的努力才能造就了如今的青山。我们抛弃了曾经那种贪得无厌，不懂收敛的生活方式，选择了与自然和谐共生，选择了可持续发展，绝不用完子孙后代的宝贵资源。

今天，金州展现着自己的魅力，天地间的绿色是最好的证明。而青山定不负人。

心之所向

兴义一中高三（2）班　于娜

青山原不老，为雪白头；绿水本无忧，因风皱面。——题记

站在山巅与日月星辰对话，潜游水底和江河湖海晤谈，和每一棵树握手，和每一株草私语。方知宇宙浩瀚，自然可畏，生命可敬。从中体现的是生态文明的必不可少。

我们学习了《贵州省生态文明教育读本》这一书，于是，绿水有了呼吸，微风有了动作，青山有了神态。我们从读本中的一字一句感受到了贵州山河的欣欣向荣，感受到了贵州人民为了蓝天白云这一愿望所做出的努力，更深刻体会了绿水青山的真正含义。

时光作渡，眉目成书。回望过去，我们看到了小河散发出阵阵恶臭，河里的鱼儿早已奄奄一息。山上油烟四起，发动机的声音轰鸣，人们走过，只余一堆树桩。微风吹过，带着浓浓的硝烟，颗粒堆积，渐渐地形成了"雾都"。丑陋的家园已被人们"无心"地造就。

正如前人所说："如果昆虫消失了，所有的生命都会终结，但是如果人类消失了，其他的生命就会蓬勃发展。"大自然给予人类最诚挚的礼物，而人类的回馈却是数不尽的垃圾。人们听不到自然母亲的哭泣，于是她把怒火通过地震，火山爆发，森林大火而发泄，诉说着自己的悲伤。

人们渐渐明白了，什么碎银几两，什么爱恨情仇，都抵不过自然的魔力。就像习总书记所说，环境就是民生，青山就是美丽，蓝天也是幸福。

马岭河峡谷的生机盎然，天生桥水电站的快速发展，平坝樱花的浪漫风光，黄果树瀑布的恢宏大气……无一不彰显着贵州人民的努力。

植树造林，退耕还林等一个个举措的实施，唤醒了人们保护环境的心。顾盼生辉，步步生莲。干霄凌云，霁月光风成就薪火绵延的胜意。所谓即使再微小的力量也闪耀着耀眼的光芒。

生态文明是实现人与自然和谐发展的必然要求，建设生态文明是关系人民福祉，关乎民族未来的大计。人类只有一个地球。命运共同体顺应了时代潮流，点明了未来的方向。建设生态，文明自然兴起，而这自然离不了我们终其一生为之苦心孤诣，开拓进取的精神。

"不积跬步，无以至千里；不积小流，无以成江海。"我们要从小事做起，不乱丢垃圾，参与植树活动，利用学到的知识为生态建设出力。

江山不负英雄泪，且把利剑破长空。新时代的中国青年肩负着时代复兴的重担，要以建设美丽中国为己任，不畏难，不惧苦，使中国立于万山之巅，让阳光下的红旗迎风飘扬。

回望走过的路，成绩满满而无比自豪；眺望未来的路，充满挑战但前景光明。九州四海，山河锦绣，即是我们的心之所向。

国家复兴，生态同行

兴义一中高三（10）班　黄子航

　　"绿水青山就是金山银山"，道出生态文明建设的重要性，中国也用实践与成就证明了这一点。

　　"人不负青山，青山定不负人"，生态文明建设关乎人类未来，是一个国家强盛的基础。冰川每两年融化量，相当于一座珠穆朗玛峰。随着冰川的融化，海平面也会随之上升，而紧随其后的便是人类的宿敌——病毒随海洋遍及世界各地。反观现在，新冠病毒已经跟人类打得不可开交，冰川的融化更是敲响人类死亡的警钟。一个国家经济再发达，科技再先进，在大自然面前都显得渺小无力，推进生态文明建设不仅是为了保护大自然，更是为了我们自己，乃曰：国家的命运与生态是密不可分的。

　　一个文明的源远流长更需要生态的保驾护航。

　　在习近平总书记的带领下，各地积极开展生态文明建设活动，比如阿克苏——一场持续三十余年的绿色保卫战在这里打响，如今覆盖面积120余亩的柯柯牙绿化工程，在昔日戈壁，建造起一条"绿色长城"，而后续相继启动了阿克苏百万亩生态治理工程，渭干河百万亩生态治理工程。如今城在林中，水在城中，人在园中，以此阿克苏的经济也渐渐发展起来，为民族的未来绘画了蓝图，为国家的强盛做了重要的贡献。

生态文明建设任重而道远，它需要祖祖辈辈坚持不懈的努力，这是一场与时间的斗争，是一场永无休止的战争，我们只要在发展中保持头脑清醒，才能保证在复兴的道路上随机应变，游刃有余，而若目光短浅则只会在短期的利益中迷失自我，在漫长的岁月中消失殆尽。曾经强大的文明，如今都已在大自然中长眠，楼兰文明、苏美尔文明，无一不沉没在大自然的造化下，故我们要坚持总书记领导，努力推进生态文明建设，为国家的复兴添砖加瓦。

播撒生态种子，沐浴文明之光，生态建设刻不容缓，国家的命运与之共道，我们要牢记总书记嘱托，积极投身生态建设之中。

学习《守护生灵家园》有感

兴义一中高二（20）班 曹艺凡

20世纪80年代，美国曾经建造了一个巨大的封闭生态环境实验室"生物圈二号"，希望营造出一个适合人员长期居住的环境，但实验启动两年后就宣告失败。从那次实验之后，人们逐渐意识到，我们的地球是多么独特。人类至今还没有办法造出与地球一样的生态环境，这告诉我们：地球只有一个，我们除了守护好生命赖以生存的家园外，别无选择。

从高一开始，我们就开始学习生态文明课程，通过这册教材，我更加完整地了解到我们所居住的地球环境是什么样子，我们家乡的生态环境是什么样，使我更加热爱我的家乡，更想保护它。生态文明建设关乎人民福祉，民族未来。在学习《守护生灵家园》这一章中，我有了很多的感悟！

脆弱的自然栖息地：绿水青山就是金山银山

这一小节让我了解到，原来生命的自然栖息地可以分为很多种，在地球上，生命的自然栖息地可以简单地分为陆域栖息地和水域栖息地。陆域栖息地主要包括森林、草原、山地、冻原、沙漠与半荒漠，水域中的重要栖息地有湖泊、河口、海湾、近海、珊瑚礁和深海等！此外，还有介于陆域和水域之间的栖息地，比如湿地。森林在逐渐退化，草原在逐渐消失，土地资源日益紧张，人类的发展与生态环境之间逐渐产生矛盾，这就要求我们要努力建设望得见山，看得见水，记得住乡愁的美丽中国，让中华大地天更蓝，山更绿，水更清，环境更优美，大踏步进入生态文明新生活。我们可以从垃圾分类开始，从减少垃圾产生开始。从身边的小事做起，比如在食堂就餐的时候，我们尽量使用自己的餐具，不要用食堂的吸管，少使用一次性筷子等。

城市与自然和谐共生：协调共奏最美乐章

从农耕文明再到工业文明，人类不断进步，城市兴起，大楼拔地而起，水泥地面一铺千里，夜晚灯红酒绿。人类在幸福地生活的时候，好像忘了这个地球不只有人类，还有花草树木，还有鸟虫鱼兽，还有许许多多与人类不同的生命。城市的兴起使生活资源需求增加，大量烟尘、有害气体排入大气，污水涌入河流，固体废弃物深埋土壤，自然界原有的生态环境失去了平衡，并遭到了破坏。这要求我们绿色生活，促进人与自然和谐共生，尊重生命，在发展的同时，爱护环境。我们可以从爱护学校的小动物，做到不干扰他们的生活开始，从爱惜花草树木，不乱采学校的花朵开始，奏响人与自然和谐乐章！

留住大地的生机：保护环境就是保护人类

生物多样性是一个总括的概念，包括生态系统多样性、物种多样性和遗传多样性三个方面。从生物多样性中我们学到了，从细胞到生物圈，人类也只是其中的一环，地球上的生命几乎可以存在于任何环境中。其中一些我们熟悉的动物，可能以后也只能在标本中见。由于人类活动，已经有大量生态环境被破坏，极大程度地改变了地球的面貌，并深刻影响了地球上几乎所有角落的生物多样性。作为新时代青年，我们要反对破坏环境的行为，追求新风尚。为了我们人类，为了我们的下一代，我们应该有所行动，保护生态环境就是保护人类自己。

贵州土地治理之道：家乡的改变

贵州是中国唯一一个没有平原的省份，也是中国喀斯特地貌分布面积最广大，发育最复杂的一个省份。自然地理条件，使我的家乡发展受到阻碍，再由于人地不协调，人们大面积地开垦土地，给我的家乡带来了许多灾难。可喜的是，这几年贵州通过科学研究与积极实践，探索出许多成功有效的治理途径，通过植树造林，补植补播，退耕还林，调整农业产业结构，发展生态农业，贵州山地生态环境质量改善，促进区域经济环境发展。我越来越对家乡感到自信。现在的多彩贵州，山美，水美，人更美！

守护森林家园，需要我们守护好脆弱的自然栖息地，实现城市与自然共生，学会留住大地的生机，掌握好土地治理之道，经济与自然共协调，共发展，让我们的地球更美，祖国更秀，家乡更好！地球只有一个，它是我们生命的摇篮，是我们成长的家园，守护家园，从我做起！

从人的自然到人与自然

——学习《守护生灵家园》感悟

兴义一中高二（13）班　胡欣然

随着对自然的改造能力不断发展，人类生出了征服自然的雄心。然而，以自己的需求为尺度而不顾自然规律的行为，造成了如生态破坏、自然资源枯竭、环境污染等恶果。人类这才意识到依然无法征服自然，依然需要依赖自然。唯有改变发展观念，将自然放在平等的位置，尊重自然规律，改变不适宜的发展方式，进行可持续发展，与自然和谐共生，人类才能继续发展。

我们需要尊重自然规律、可持续地发展。在《脆弱的自然栖息地》这一节中，我学习到了自然栖息地是脆弱的，尽管自然界生态调节的功能维持着生态平衡，但是这种调节是有限度的，无视限度的过度开发，会使得生态失衡，而人类对环境采取什么样的态度和行为就会得到环境对人类相应的反馈，如石漠化。本就不肥沃的土地，种不了多少粮食，于是人们在贫瘠的山坡上开垦出了更多的荒地。然而，开垦造成植被破坏，引起了水土流失，土地更加贫瘠，而人们采取的办法，是再次以垦荒的方式扩大耕地，越垦土地越少。如果能够采取不破坏或者少破坏生态的做法，也不会陷入越垦越穷的困境中。我之前也听别人说过，说那边山里的有个村，村里就只能住70个人，是传统，如果人多出来了，就要被赶到外面去另谋出路。我想这应该是当地人与这块地方一代一代地摸索出与自然的度，只是披上了迷信的外壳。

可持续发展，比如说石漠化的治理，总体来说就是对已被破坏的生态环境进行修复，对还未被破坏的生态环境进行保护，在不破坏环境的基础上发展农业与旅游业，是兼顾了经济的发展和生态的持续发展。

保护生物多样性，维护生态平衡。在《留住大地的生机》这一节中，我们知道了生物多样性的重要，生物的多样性保障了生态平衡，也使得人类发展。没有哪种生物是真正与生俱来的"有害""无用"的，只是对人而言。就像蚊子，人们厌恶蚊子，想要消灭所有的蚊子，但是即使蚊子被灭绝了，又会有一个新的"蚊子"占据它的生态位，而这个"蚊子"对于个人而言是未知而无应对方法的，更不用说蚊子又是多少动物的口粮。可见，蚊子的存在对生态至关重要，并不是说它看起来对人有害，就该被消灭。要维护生态平衡，而不是维护人心中的"理想环境"。

改变生活习惯，保护生命家园。对于生命家园的保护，我们每个人都有责任，作为中学生，我们可以从小事做起。就拿我自己来举例。我之前的教室窗台外有一条沟铺满了垃圾，当我想要走到窗口去透透气时，一低头就会发现这些垃圾，顿时什么心情都没有了。我看了这堆垃圾一学期，它们都是从楼上丢下来的，我生气，但也不知道做什么。后来有一天，我们的班主任让我们全班同学一块儿拿着扫除工具把这个沟给清扫了，来来回回半个小时不到，我们就清扫干净了。我忽然发现，这条让我生气了一学期的垃圾沟，其实我完全可以自己去清理它，而不只是干看着生气。

如果说前面这个事情，让我知道了自己可以做些什么，那么后面这个事情则让我认识到，保护环境并不是一个两个人的事，更需要大家共同行动。也同样是这间教室，后来我们从这里搬了出去，教室也就一直空下去了。有一天我突然想回到这个教室看一看。当我望向窗台时，我又惊奇又生气，这条沟又被垃圾填满了，就像我们打扫之前一样。在我们没有清理之后，楼上的人依然在丢垃圾，他们一边丢，我们一边扫，只要我们不继续扫下去，这条沟的垃圾还会再被填满。只有告诉楼上的人都不要再往下丢垃圾了，这条沟才会真正干净下去。同样的道理，如果保护环境只是一部分人的事，余下的人依然不管不顾地破坏环境，那么即使修复了环境也会再次遭到破坏，只有大家都参与保护环境，我们的环境才会真正得到修复。

最后说一下自己最大的感受吧，修护生态环境、保护生物多样性、提高资源利用率等措施，我觉得归根结底是要尊重自然规律，与自然的和谐共生。不顾自然规律只会造成恶果，正如恩格斯所说："不要过分陶醉于对自然界的胜利。对于每一次这样的胜利，自然界都报复了我们。"只有在不违背自然规律的情况下发展，人们才能更好地生存和生活。

参考文献

蔡嘉润,2019.广州市白云区白海面涌黑臭河涌治理的河长制实践研究[D].华南理工大学.

戴东强,2010.基于价值网的区域循环经济模式探究[J].环渤海经济瞭望(12):44-48.

金玲,于苗苗,2022.环境空气质量现状及预警预报平台建设[J].资源节约与环保(06):61-64.

靖晓燕,申云帆,2021.制度创新打造"绿色样本"——贵州努力在生态文明建设上出新绩[J].当代贵州(13):16-17.

李裴,2021.生态优先 绿色发展 推动长江经济带高质量发展[J].当代贵州(13):26-27.

刘心来,刘翔,2021.森林核污染问题研究——以日本福岛县森林为例[J].世界林业研究,34(05):44-49.

刘毅,喻思南,李红梅,等,2022.像保护眼睛一样保护生态环境[N].人民日报,2022-06-04(001).

尚宇杰,2022.黔山贵水,奏响绿色发展协奏曲[J].当代贵州(03):22-25.

申云帆,2022.先行先试 破解治理难题[J].当代贵州(23):50-51.

滕玲,2016.从严控制数量,发挥地方首创精神国家发改委副主任张勇谈国家生态文明试验区[J].地球(09):32-33.

汪花菊,2016.探究酸雨对石蛙卵孵化率的影响[J].中学生物学,32(07):41-42.

汪志球,黄娴,2015.走向生态文明新时代[N].人民日报,2015-06-27(005).

王丛霞,杨丽艳,2022.生态保护修复示范区建设的意蕴、根基与理路——以黄河流域宁夏段为视点[J].北方民族大学学报(01):146-151.

王彦芹,2009.寓环保教育于化学教学中[J].产业与科技论坛,8(04):200-201.

王永英,周建明,2011.浅谈二氧化碳捕获与封存技术[J].煤质技术(03):57-59+62.

习近平,2018.习近平主席致生态文明贵阳国际论坛2018年年会的贺信[J].当代贵州(28):4-5.

闫锋,2019.高中生物学教学中落实社会责任的途径探索[J].中学生物教学(09):37-39.

杨静,2021.革故鼎新 先行先试[J].当代贵州(27):37-42.

张鲁歌,2021.我国跨区域环境污染治理合作机制的困境及完善对策[J].西南法学(001):77-89.

自然之友,2014.盘点世界著名空气污染事件[J].科普童话(12):11.